筆者が生まれ育った五島の雄大な空、そして紺碧の海

劍道藝術論

発刊を祝して

国士舘大学教授・剣道部々長　範士九段　大野操一郎

このたび愛弟子であり当大学助教授、教士七段の馬場欽司君が『剣道藝術論』を発刊するにあたってお祝いの言葉を送りたいと思います。

剣道の特質は日本国の風土に根づいた歴史ある伝統であり、文化であるという点に集約されましょう。

日進月歩の現代にあり、彼は剣道の歴史を尊重し、先達の教えを守り、現代社会に広く照らし合わせ、剣道を何よりも「藝術」としてとらえた発想の豊かさに特徴づけられましょう。この豊かなる発想は彼の生来の恵まれた環境に由来したものであり、将来ある若人にとって、進むべき剣道のいな人生の羅針盤となるべき一冊となるでしょう。

馬場君の今後なお一層の御健勝と御活躍を祈念いたしまして、発刊のお祝いのことばといたします。

推薦のことば

範士　井上正孝

剣道は日本の伝統文化として高く評価されて来ましたが、最近の剣道はいささかその方向性を誤り、その内容も日増しに色あせ、年毎に低落して行く姿は実に寂寥であり、内心忸怩たるものを感じさせられます。

こうした剣道低迷の折に、現代剣道を「藝術」という高い次元から見直そうとする著者の卓見には自ら頭が下り、更にその強い教育的信念に対して一層の敬意を表するものであります。剣道はまさに珠玉であり、最高の教育的素材でありますが、このかけ替えのない珠玉をただの石にしてしまったのは行政の歪みであり、尊い伝統の美を崩壊させてしまったのは外ならぬ剣道高段者と称する先生方の怠慢ではありますまいか。

私は多年に亘り、剣道人の文化的素養の大事さを説き、更に又若い俊鋭の抬頭を心から祈念し、その出現を強く待望して来たものであります。

幸にして馬場教士と言う文武両道の名剣士を得て、剣道界にも新しい日が射し、教育界にも豊かなムードが生まれて来たように感ぜられます。

著書の内容は剣道の本質を藝術的に評価した素晴しいものであり、勿論その内容も尊いが、私は若い剣士が剣道を単なる竹刀打ちの闘技とせず、心と道を対比しながら、その本質に迫ろうとするところに着想の素晴しさがあり、新しい剣道界の黎明があると思います。

「剣道藝術論」は剣道界に投ぜられた只の一石ではなくて、広く剣道界に蒔かれた一粒の種であります。

投げられた一石の波紋は消えても、大地に蒔かれた一粒の種は、やがて芽を出し根を張って、今に見上げる大木となるでありましょう。私共はその精神的大木の成長を祈念し、その開花結実を心から待望して止まないものであります。

剣道を語らんとする人はすべからく、本書を御心読の上、その行間に溢れる著者の真意を体し、現代剣道を藝術にまで昇華させる真摯なる努力をいたされんことを切に御願い申し上げるものであります。

剣道藝術論　目次

第一章　剣道は芸術である……9
第二章　私の眼に映じた第36回京都大会（昭和63年度）……35
第三章　師弟の道……55
第四章　真の「国際化」への道……85
第五章　〝女子剣道〟の道……115
第六章　「対談」日本舞踊に学ぶ姿勢……147
第七章　平成元年に思う……173

第八章　啐啄の機……185
第九章　面打ち進化論……199
第十章　さわりをとる―第37回京都大会（平成元年度）……215
第十一章　勝負の本質……239
第十二章　我が人生の回想録……255
あとがき……269

口絵本文撮影――徳江正之

五島堂崎教会　復活の夜明け

第一章　剣道は芸術である

技を出すまでが剣道である

今、あらゆる人の稽古を拝見してみると、立会った時から既に中締め同士が交っており、本来、そこまでに行なわれるべき心の錬り、修錬が省略されている……。すなわち打ち合い、叩き合いになっているわけである。その打ち合いに入るまでというのを私自身、一所懸命に突きつめてゆきたいと考えている。

何故ならば、さまざまな競技が沢山ある中で、私は剣道を一つの〝芸〟だと思っているからだ。こういうと競技を無視しているように思われて、だったら試合は勝たなくてもいいのかとなるが、そうではない。競技にも精一杯戦いたいと思うのだが、尚かつ見て、感じて美しくなければ日本の伝統や文化とは言えないのではないかと思うのである。歌舞伎役者が舞台のせりから上ってきたり、退いたりする。その間、観客はその一つ一つの所作にほれぼれして〝芸〟を感じるわけである。剣道もそれには及ばなくても匹敵するものが、かつてはあったのではないかと思う……。

生意気だと言われるかも知れないが、それにはやはりまず所作が美しくなければ、もう剣の道とは言われないのではないだろうか。立居振舞から構えを含めた所作が誰が見ても美しいと感じる。その一つ一つの動作が何の違和感もなく流れていく……。そのことが剣道の手始めだと思うのである。その結果、最終的に当たったか、当たらなかったかということが存在する。

ところが今は当たったか、当たらないかということの方が先になって、それ以前のことが少し疎かになっているのではないだろうか。その意味で今日、剣道家で剣道は〝芸〟だと言って指導されている方は一体、どのくらいおられるかと考えてみると、先行きが不安になるのは私一人だけではないであろう。

剣道は格闘技であり、戦う相手に対しては真剣勝負で臨んでも、その究極に存在するものは、思いやりであると思う。すなわちそれが礼儀、作法に通じる。ところが現実は頭を下げた時はもう歩いて自分勝手に蹲踞をし、負けた方はろくすっぽそれさえもしないという現状である。それはもう競技の中の単なる一つの動作にしか過ぎなくなってしまっている。また都会の先生ほど多人数の相手をするから蹲踞をしたまま柄頭を床について「はい、次来い」、という稽古の態度でおられる。これは相手の人格を無視した行為ではないだろうか。たとえ相手が小学生だろうと、きちんとそれを行なわなければならないはずだ。その子にとって先生の礼というのは良き鏡でもあるからだ。結局、武道は本来、礼儀を大事にしているということに甘んじてしまっていて、実際にはそれを軽視しているという気がする。すなわちそういうものが根底にあり、業前に表現されてくれば、もっともっと味わい深い剣道というのが表現されてくると思う。

竹刀で戦うという原点はかわらない。だから剣道家は技術の修錬をおこたってはいけない。が、それと同時に心の修行もおこたってはならないのである。それが殺人剣から活人剣にかわっていったという証ではないだろうか。しかし私もかつては厳しく指導されているにもかかわらず礼よりもまず勝つことだと思っていた。昔の私を知っている人は、今私がそんなことを言うとおそらく笑われるだろう。

剣道というのは戦って人をおびえさせたり、うらみに思うのではなく、あの人と稽古をして良かった、またもう一度手合わせしたいと思うのが本当の姿であるはずだ。それが剣縁であり、互いに剣を交えて心を通わせるということだろう。

その意味で現代人は剣道家をも含めて、そんなことは夢さ、と現実的になり過ぎているのではないかという気がする。合理主義というのだろうか。しかし夢のある人には魅力がある。人によっては現実的なことを一所懸命に教えている場合と、禅の空論のように剣道とはさっぱり結びもつかない夢物語を言っているのではないだろうかとか、そういう両極端の面が聞いている人には確かにあるだろう。しかしそれは我々を含めて、歴史的な勉強が足りない己れを恥じるべきで、「あれは空論だ」とか「あの人にはついていけない」などというのは筋違いというものであろう。

たとえば〝攻め〟という言葉一つとっても、これこそ抽象的で、その人の剣道観を端的に表わすものであり、感覚的な言葉でしか表現することができない。果たしてその究極はというと、ファーッとボヤケてしまう。あの人は〝甘い〟と言い、ある人は〝辛い〟と言う。またある人は〝酸っぱい〟と言う。さらには〝黒い〟と言い、〝白い〟と言うかも知れない。芸道においてはすべからく匂いとか色に言葉を置き換え、それを表現しているが、それは大事なことである。俳界における「わび、さび」の世界と同様であろう。

結局、それが分かり過ぎるとつまらないものだし、逆に全く分からないとついていけないものである。だからこそその〝攻め〟ということは非常に重要視されてくるのだと思う。それが芸術的な要素であろう。おそらくこの結論の分かる人なんていないのではないだろうか。

余談になるが、私にとって人生最初の師匠であり、最大の師匠は父親（馬場武雄）である。父は20年前から稽古はもう行なっていないが、それ以前のイメージを今も私は追い求めている。兄弟で今、剣道をやっているのは男が４人、妹を含めて５人いるが、我々は兄弟で父親の剣道を学び、そして追い越そうと思っているわけである。そのために各自がそれぞれの持ち場で勉強したものを盆や正月に帰って（五島）手合せをするのである。その持ち場で成績（勝敗結果）を上げるということよりも、自分の生きている場所で勉強したことを田舎に持ち寄って見てもらうわけだ。剣道というのはその道の究極を追い求めることだと思う。ところが今の大学生たちや若い人たちが可哀相というか、不幸だなと思うのは自分がこういう剣道をしたいというその究極のイメージがないことであろう。

私が京都大会に毎年行くのもそのイメージをずっと追い求めているからで、「この先生の剣道はまさに私の求めている剣道だ」とか「この先生のこういう部分を勉強したい」と思って拝見しているわけである。今はビデオもあるから、学生に撮らせているが、残念ながら年々そういうものが失われつつあるような気がしている。今、私は40代だが、50代になったらあの剣道を目指してやろうとか、60代の究極の剣道はあれではないかとか、そういうものを追い求めたいなと探しているのだが……。

現在は学校剣道が盛んである。それはそれでいいのだが、学生時代3年間、あるいは4年間を教わったら、それでもう終ってしまう……。単なる生徒であって師弟の道ではなく、師弟の道もまた次の師匠へとつながっていっていないのが現状であろう。

たとえばゴルフ界のあのジャック・ニクラウスほどの人でも師匠がいる。また新帝王のトム・ワトソンが、ここ何年間かスランプだが、師匠のところへ行ったら「君は一番基本的なことが欠けている。それは握り方(グリップ)の位置だ」と言われてひらめいたと言っている。それでは剣道に果たして一生涯の師と弟子の道が現実にあるのかなというと、少しずつ失われてきているのが、現状であろう……。が、私にはそれがあるからしあわせだと密かに思っている。すなわち父は私の剣道のはるか数段先を許さずに進んでいるわけである。だから早く父親を追い越したいと思うけれども、逆にうぬぼれかも知れないが、私に越されて欲しくないとも思うわけである。

その中で私が今、一番求め模索していることが『業前』ということである。昨今、よく言われるところの当てっこということも非常に大事なことだと思う。が、その前の業前ができていれば、私は結果的には当たるというふうに信じている。今は打てば、外れた、軽い、それならもっと打ってやろうという安易な発想に走る場合が多いわけである。

故・鈴木幾雄先生がこんなことを言われたそうである。稽古の心得として「動かして而して事に先んぜず、即ち従う(=働かせて勝つ)。また技を出すまでが剣道である。技を出したらこれは運・

動になる。とすると今は運動を一所懸命にやっているのではないだろうか」と。その先生が言われたという言葉に私は大きな衝撃を受けたことを覚えている。

不老の剣

今、巷間では〝究極〟という言葉が流行っている。芸道、すなわち剣道における私が思う究極というのは、現段階の私自身のレベルで述べるならば、結局、〝不老の剣〟だと思っている。年をとらない剣道、すなわち年をとったらとったなりの剣道ができるということ。これに尽きるのではないだろうか。

例えば、現在、いい稽古と評判の先生は、その年代にしてはすこぶる元気で同年代の他の人より10才は若く、力持ち、だから強い。要するに『俺は元気印だ』ということである。ところがさて、その元気がなくなったら「どうなるんだろう」と思った時に、非常に淋しさを感じるわけだ。

だからかつては立派な先生だった人に対して「彼は昔鳴らした男だよ」とか「一世を風靡した男だよ。が、年を取ったらさっぱりダメになったな」と言われるのは、結局、今言ったところの究極の剣道を目指していなかった証拠ではないだろうかと思う。

どちらかというと、今は体格の良い人が現代の名人に多いと言われている。そうすると、厳しい言い方をすれば、剛が柔を制しているのではないかと思うのである。だから柔道の山下選手が小さい人を投げ飛ばしてもちっとも感心しない。一番典型的なのは小錦であろう。小錦が自分より小さい力士を倒したって誰も感動しない。先天的に恵まれた素質を持って戦っているのだから、それは単なる力であって芸術だとは言えないはずだ。逆にその大きな力士をいかに工夫して倒すか……。それにはやはり業前しかないと思う。

一度、横綱の北勝海が業前で倒したと感じた場面をテレビで見たことがある。仕切っていて小錦が北勝海の気迫に押されて立てなかったのである。それこそが業前の極意ではないかと思う。その意味で相撲はまわし一本に技を競うのだから、戦いの原点であると言えるだろう。だからこそ人気がある。もし相撲が衣服を着てやったなら大きな者が有利になってしまうのは目に見えている

何故、私が不老の剣かというと、今でこそ少しはましと言われているが、過去には暴れん坊でどこへ行ってもケンカ腰で稽古をやる。その結果が大学を卒業して2年目に椎間板ヘルニアを患ってしまい、それでも稽古をやれば、勝てるんだといって無理をしているうちに、とうとう医者から「君のは何年かに一人の典型的なヘルニアだ。いかに気力と言えどもダメだ。もう歩けなくなるぞ」と言われて手術をせざるを得なくなった……。もう元に戻る可能性はない。だけれども今よりは良くなるということでその先生にゲタを預けたわけである。

大学には休職届けを出し、それから約一年程、リハビリをやりながらふと考えたことは、「わたしの剣道はやっぱり元気でやっていただけだった」ということである。そして自分自身に失望し、田舎に帰って静養している時に、私があまりに元気がなかったのであろう。

父から「おまえの今までの剣道は素質でやっていただけだ。おまえの本当の努力はこれからだ。〝不老の剣〟を目指せ。今だからこそできるに違いない。そのためにはこれまでお前の栄光をつかんだであろう上段を捨てろ。この機会だぞ」と言われた……。

ということでもう一度ゼロに帰って、歩く所作から私の剣道は再出発したわけである。もし私が体を壊さなかったら未だに血気盛んな剣道をやっていたであろう。そういう自分の状況に応じて、それなりの剣道ができるということは大事なことである。そのことを体が私に教えてくれたわけである。

力とスピードの戦いだと、若い人には勝てない。現実にあらゆるスポーツにおいて若い人に勝てないということはもう証明されている。

ただそこで学生を含め、今の若い人たちが一番誤解していることは、攻めイコール打突だと思っていることだろう。要するに剣道もスポーツ的な感覚になってしまっているわけだ。元気印の人はそこにうぬぼれがあり、以前の私のように業前という大事なことを見失わせるのであろう。

ただ段階的なものがあるから、学生がいきなり熟練者の剣道の真似をしようとしても無理である。気の抜けたものになってしまう。しかし段階的にそこにいくような努力をしなければ、やがてあとから来る若さの剣道に制されてしまうであろう。

相手に力があればあるほどそれを吸収して、利用するのが芸の醍醐味である。すなわち「打って勝つのではなくて勝って打つ」。打って勝つことを俗に当てっこと言っているのだろうと思うのだが、先程も述べたように当てるということは大事なことである。空論を言ってて一本も当たらなければ、それでもって相手を心服せしめることは無理であろう。やはりその段階では当たらなければ、すなわち打たなければならない。ただその打つ考え方があまりにも簡略的で貧相ではないかと思うのである。機会も間合も考えないで筋力にまかせて打ってしまっているわけだ。

私はある意味で試合をダメにしているのはスポーツの影響が大きいと思う。たとえばなにかと言うと試合中にアドバイス、すなわちサインを出す。これほど、個人を尊重しないものはない。剣道というものは相手の人格を大切にすることと言いながら、どうしてあれほどまでして鍛えたであろう教え子や弟子に対して試合を任せられないのか……。「こうやれ、あそこを打て、もっと前に出ろ、退がるな」……。それは誰でも言いたいだろう。しかし何故、そこで言わなければいけないことを普段言わなかったのか。

芸道の場面で舞台で踊りが始まったら先生がいちいち指示するだろうか。もう失敗は失敗として本人にすべてを任せるはずである。ところがその失敗をそこで失敗として体験させないから将来に生かされない。家庭教育の場面に置き換えれば、それが躾であると思う。

たとえば子供が遅刻をする。すると恥をかくから可哀相だと親は思う。しかし可哀相と思うなら遅刻をさせればいいのだが、車で送って、ことなきを得るからまた遅刻をする。それ一つとっても日本の躾教育がいかに崩れているか……。そういう点からもアドバイスしすぎるということは、自主性を無視し、本人の人格をも尊重していないことの一つの表われであろう。

だから当てっこの訓練をしていると言われても仕方がない。それを武道に憧れた外国人が見ると、「なんだ、剣道はバレー、バスケットと同じじゃないか。サインでやってるよ」とこうなる。その意味で今は勝たせるということは何かと言うと、まずいい選手を集めてくることが作業である。だからスカウトのうまい人が良い指導者と言われているわけだ。可もなく不可もなくという人材を育てていくことにこそ面白さがあるのだが……。

教育というのは10番から1番に成績が上がった人も立派だが、50番から30番に上った人も立派である。しかし脚光を浴びるのは前者の人である。その辺にも頂点を育てる指導者と底辺を育てる指導者、第三者の光の当て方の違いというものもある。すなわち日の当たるのは試合に勝ったということがあまりにも強過ぎるわけだ。「勝者には何も与えるな」という格言があるくらいだから、勝った人はそれで十分満足しているはずである。負けた人、戦いに参加できなかった人、そういう人はどうなのか……。人間が本当に鍛えられ、次への起爆剤になるのは負けた時である。実際、我々も勝った時のことはあまり覚えていないものである。

再びゴルフの話になるが、ジャック・ニクラウスが何故、帝王かというと、ゴルフは1ラウンド72（パー）で廻るという規定があるが、練習を行ない、いよいよ試合に入る前に今日の調子からいって72の打数で廻れそうだなと思ったとする。ところが意に反して65で廻った。普通の人なら「あぁ、良かった」と喜んで帰ってしまうところだが、ジャック・ニクラウスは何故思ったよりも良かったのか、その原因が分かるまで終った後に練習するという。悪かったことは誰でも反省する。

もちろんそれも大事だが、上に行けば行くほど、〝勝って兜の緒を締めよ〟、〝百戦危うからず〟でなければならないはずだ。だから我々は剣道が一番最高のものだといって油断してはならない。

ここの道場（国士館大学鶴川校舎）にも掲げているが、〝修行は千日の行、勝負は一瞬の行〟である。勝負というのはその瞬間のものでしかない。ところがそれをあまりに大事にし過ぎて、架空のものを作り上げてしまうと、いずれその人間は伸びなくなってしまうのであろう。

勝負は一瞬のものだからこそ、千日の修行を大切にし、コツコツと気を抜かず努力した者にしか勝利の女神は微笑まないのだということを先人は教えているものと理解すべきである。

業前における芸を感じる種々の要素

私がまだ中学生の頃、高野佐三郎の高弟で小野派一刀流の範士八段財津勝一という先生（長崎県の剣道連盟を創設し発展させた長崎県剣道の父）と父が稽古をしているところを拝見する機会があった。今思えばその稽古は三殺法で言われるところのまさに剣を殺し、技を殺し、気を殺すという内容で、その緊張がハッと破れた時に、打たれずして「まいった」という言葉が発せられた……。そこで私は当時から好奇心の強い方だったので、先生の宿泊されている旅館にまで押しかけて、「先生、今日稽古を拝見させて頂きましたが、気に入らないことがあります」とぶしつけな質問をした。

すると先生は「おまえは子供のくせに何を言うか（笑）。でも聞いてやろう」、「先生は今日、父と稽古をしていて打たれずして『まいった』と言った。父もまたそう言った。あれはおかしい。何故打たれずして『まいった』と言ったのか」、「ふむ、君は良いところに気がついた。その疑問は大事にとっておきなさい。君に今、そのことを説明してもまだ分からないだろう。が、君は相手を打ちのめせ。打ちのめしてこそ、君の価値がある。やがてそのことが分かる時がくれば、君の剣道はまともに進んでいる証になるかも知れないぞ」

そう言われたことが未だに私の脳裏には焼きついている。ところがそういう稽古をされているのを今の人たちは見る機会が少ない。それは皆無に近いのではないだろうか。結局、打ちのめされないと分からないわけである。しかし私は稽古にのぼせがあるから、打たれずして負けるということも知りたい……。攻められてもどうすることもできない。打たれるのはもう目に見えているから、壁際まできたところで「まいりました」と。

そういう区切りをつけることは、芸の道の一つの方法でもある。それを「何を言っているのか、打たずしてそんなことを言ったって空論だよ」という一言でかたずけてしまう。その意味からして今の日本人には夢がなくなりつつあるようだ。むしろ外国人の方が武道に夢を持っている場合が多い。

そんな夢が持てるような味のある話は昔から沢山ある。それらの中に数々のヒントが隠されているのではないだろうか。『猫の妙術』などはその最たるものであろう。

業前の中でその芸を感じることのできる一つの要素は「間」である。これは音楽においても、書道においても同様で、芸道というものはすべて「間」が存在する。すなわち技におぼれる人はその大事なことを見失っているのである。そしてその「間」を司るのが呼吸であろう。考えてみると今、その呼吸についての研究というのは非常におそまつである。呼吸というのは戦いの中では細く長く……。その気が途切れるということが人間の弱点でもある。言い換えれば居つくということであり、武蔵の「居つくことは死ぬることなり」となる。

『歌伝　剣道の極意』に

〝ただ見れば何の苦もなき水鳥の
　　足に暇なきわが思ひかな〟

という歌があるが、私が今述べたことなどは、この歌の中にすべて凝縮されているのではないだろうか。

水鳥が川面にポッと浮かんでいるのを見ると、平和で微笑しい光景だと思う。しかし川の流れは途絶えることはない。すなわちそれに流されないように足は絶えず動いている。それが我々の眼には、自然の姿としてただ浮かんでいるふうに見えるわけである。

しかし剣道ではその呼吸が力んでいるから構えそのものも力んでいるように感じてしまう。それは他の競技と比べてみても言えることであろう。オリンピックを見ても世界記録を打ち立てるような選手は、その呼吸に非常に柔らかさがある。ただその柔らかさというのと力が入っていないとい

うのとは別だ。必要なところにはしっかりと入っているのである。

剣道という戦いの場において、先程言った気が途切れるところ、すなわち吸気、吸う機会を相手に与えないことである。言い換えれば、「相手が息を吸おうとするところをスーッと攻める」またその機会をとらえるということである。攻めとはそこに時間と距離の間という要素が微妙にからみ合い、その上で相手にジリジリと迫るということではないだろうか。相手の呼吸を察知した稽古の出来る人が一体、高段者に幾人おられるであろうか。

そのためには常に先の気持ちを忘れないことであろう。先をとるということはすなわち相手の呼吸を奪うということ。だから名人と言われる人に対しては構えているだけで呼吸が苦しくなってくるというのは事実である。その意味で私が稽古でいつも心懸けていることは、立ち会ったらどんな相手に対してもまず自分が先の心で攻め始める。心の準備は自分が先にする。それが迫るということであって、それによって相手が平生さを失う。そうして無理に戦いを挑んでくるところを制する。これが先々の先であり、最も合理的な戦い方ではないだろうか。

冒頭で述べた芸を作る最大の要素である攻めは、その人の剣道観を表わすものであるから、迫り方にもそれぞれ特徴がある。硬く迫る人もいれば、柔らかく迫る人もいる。その迫り方というのをもっと解かり易く表現できれば良いのであろうが、一番説明しにくいところでもある。しかし、だから芸道であるとも言えるのであろう。私などはできるだけ柔らかく静かに迫りたいと思っているのだが……。

それを先人はのろはやという言葉で表現している。たとえばそこに止っているトンボをつかまえる時どうするか。まずトンボに悟られずのろっと迫って、パッとつかまえる。この極意が私が現在追究している業前の一つの原点でもある。それをいきなり迫るとトンボは逃げてしまう。剣道における戦いの場面でも同様であり、若い時にはそれでもいいかも知れないが……。

私自身、硬く鋭い攻めに対してはあまり攻められたという感じは受けない。これも『歌伝　剣道の極意』の中に、

〝円くなれ　只円くなれ　円くなれ

　角あるには物が懸るに〟

とあるが、これはある意味で人生の極意でもあると思う。「おまえはとげとげしいから、角がぶつかってよく人とケンカをする」などと言われるのもその一つの例であろう。

それを剣道の技に置き換えてみると、鋭いとか激しい、堅いというものに対しては角があるからつけ入り易く、またそれを利用もし易い。ところが油みたいに柔らかいものであって、どこから来ても対応できるような、また何事にもこだわらないような柔らかさを持って来られた時には非常に困ってしまう。すなわち、得体が知れないわけである。自分がやろうとすることを先にやられるようなものであろう。

ひょうたんを水に浮かべると、そのどこを押してもスルッと抜ける。上から押さえれば下へもぐって抜け、右の端を押さえれば左が浮いて抜ける……。これを〝ひょうたんの浮き（瓠《ひさご》の極意）〟

と言い、私は故・小野十生先生（範士九段）からそれを教わったが、これは攻めということの大きなヒントになった。

そういうことを省略して指導者の方が単刀直入にただ「攻めて攻めて」と言うことに終始しているのである。実はそれは単に「近づけ、近づいて打て」と言っているに過ぎないのである。その意味で私の考える真の剣道とは、理念を大切にした稽古が重要だということである。

攻めというのは具体化しない。具体的に思っている時には、それは相手の心にも映ってしまう。自分も分からないから相手も分からないのである。初心者が小手を打つ時、よく竹刀が邪魔だからというので横に回って来て打つ光景を見るが、それは既に相手に手の内を読まれているわけだ。だから私は学生に常に鏡の前で稽古をしなさいと言っている。鏡は、自分の姿を間違いなく写す。その意味で鏡の前での独り稽古というのは非常に大事なことだと思う。今の学生にはその独り稽古というのがない。組織化された稽古だと既成の概念にとらわれてしまう。すると行き当たりばったりの稽古しかできないものなのである。

攻めを形成する要素を身心の面から考えると、心の面では言うまでもなく気、そして体の面では足が大切である。まず気の面から考えてみると、私は相撲の行司の修行、たとえばその人たちは嵐の日に発声を鍛えたという話などから教わったものである。一万余の観衆の中でとうとうと響きわたるあの発声、呼び出しの気は剣道のそれに勝る。これほど明確なものはないだろう。ただ「声を出せ」では遠吠えをしているだけである。気合は最後は無声に至ると言われている。

すなわちそこに至るまでにどれだけの修行ができているかということである。だから何度も繰り返し述べているように何事も段階であるということである。

一方、体の面では先程述べたように足。ものを動かす土台は足である。また足をぬすむということは、業前の中の重要な要素でもある。足にはその人の心が形として表われる。他のさまざまな競技でも共通して言えるのは、「足腰の上に技術が乗る」と言われていることである。

だから基礎体力の原点である足腰の弱い人には何を教えてもできない。言い換えるなら、我々が目指す剣道を今の段階で学生たちに教えても、結果的にはそれが消化しきれない基礎体力なのである。ましてや我々とは生活様式が違う。それこそ我々はマキ割りから水くみなど、小さい頃から自然に体力のつく仕事をやらされてきたものである。しかし今の学生たちは大きな身体を持てあましているのが現実であろう。だから私の指導する国士舘大鶴川道場の学生達には、今、いろんな種目を行なわせている。すなわちそれは剣道の稽古からしか修錬出来ないものではないという考え方からである。学校に相撲場を作っていただき、正式に褌を締めて行なわせ五年を経過したが、効果は抜群で足腰のねばり、中腰の座りの安定、さらに、剣道で大切な開き足を身につけるようになって稽古にも幅が出てきたようである。その他、茶道に華道、トレーニングとしてゴルフ、バスケットボール、ハンドボール、バドミントン、水泳に大雪原でのスキー等、季節に応じて取り入れて大きな効果を上げている。

〝一芸は万芸に通ず〟と宮本武蔵は言っている。剣道家で立派な人は剣道だけでなく、他のいろいろな道にも通じておられる。幸い日本にはそういった文化や芸道が沢山存在する。また外来のものも沢山存在する。そんな中でもちろんスポーツの良さもあるだろう。つまりそれらの良さを吸収していってこそ自らの剣道が形作られていくわけである。

剣道は10kg近い防具を背負って動く。ところが若い人の体力はそれにしてはあまりにも貧弱ではないか……。が、その解決策がそれらの人にはないので身体を痛めたり、癖がついてしまったりする。だからこそ学生には日頃の練習の中に本格的に相撲やトレーニングも組み入れれば、球技も取り入れるのである。やはり剣道だけでは行きづまってしまうものである。

また芸道を行なう上で一番おそろしいことは嫌な時に行なうことであろう。修行というのはやりたくない時でもやるから修行というのであろうが、身体そのものにとっても神経にとっても、やりたくない時にやるのは却ってよくないことだと思う。本質的には好きでなければ……。

だから我々はある程度のことは、我慢してコツコツと正しい目標に向かって取り組む姿勢がなくてはならないのである。ところが人間というのは基本を通り越して得てして楽をしたいから、間違った方向に行ってしまう。そしてそれを筋肉が覚えてしまう。間違いはやればやるほど吸収されやすい。だから癖というのはおそろしいわけである。

以上のような点から考えて、技を勉強するにはまず基礎体力の導入部であるし足腰を鍛えずして、攻めも何もあったものではないのである。

今、剣道家で足だけを見て惚れ惚れするという人は少ないのではないだろうか。ビデオなどで拝見するとほとんどの人が跳ね足である。すなわち単に元気印を証明しているのである。そこでその先生から元気をとって、あと20年後はどうかなと思った時、あの先生ならばという方が現在ではあまり見当たらない。まずもってその先生の考え方が果たして芸なのか、何なのか。我々後輩はその先生を目標に道を求めているのだからその光明が見えていなければ困るのである。そして我々もある程度まではその先生に教わるけれどもその後、利害が先走りしてコロッと別の先生に鞍替えしてしまうのでは、結局のところその先生の究極のところまでは迫ってはいけないのである。

また私には三人も四人も師匠がいるという人も同様で、そんな人に限ってすべて中途半端に終わってしまうものである。このことは、その人には一生涯の師がいないということの裏返しとも言えるのである。

心の修行をするということは、言い換えれば、人間を勉強するということである。すなわちそれはある一人の先生を目標にするということではないだろうか。もちろんその先生からしか教わらないということではなくて、その先生を中心にして他の先生方のアドバイスを受けて、さらに大きな剣の道を求めていくということである。先人はそれだけ流派というのを大事にされたのではないだろうか。それが道である。

そしてその道の系統が癖ではなくて、剣風の違いとして表現されているのだと思うのである。その意味で我々はまず道を学ぶということから始めないと〝攻め〟という問題一つについても語れないのではないだろうか。

私の父の言う強くなる究極の方法は何かと言ったら、教育者は子供に教えながら強くなるということである。すなわち子供に学べということであり、子供の中には天才がいる。強い者同士が集まって稽古して強くなるのは当たり前なのである。

余談になるが、私の田舎に中村信也という後輩がいて、今はもう30いくつになっただろうか……。土木建設関係の会社を経営しているのだが、彼は子供の頃、まさに素質をもった天才だった。3才の頃から道場に来る時も帰る時も独り稽古をしていたのである。要するにチャンバラを一人で想像しながらやるわけである。そして高校生になった時、五島高としては初めて長崎東を倒してインターハイにも行った。高校卒業後はいろんな大学から誘われたが、家庭の事情で進学せずに、今ではほとんど竹刀を握っていない。ただ正月の稽古始めの一門の試合にだけは出場し、各地で教員や県警機動隊で活躍中の同門生を手玉にとるのである。私は他の恵まれた環境でぬるま湯につかりきっている同門の若手の刺激になるよう三日の稽古始めに彼を誘うのである。

芸道としての光を見出せ

以上述べてきたように、我々は剣道だけでなく、あらゆることから吸収し考えていかなければ芸道としての光は見いだせないのではないか……。誰に聞いても究極になればなるほど、それに近づいているかなと思うとボヤケてまた元に戻ってはボヤケてしまうことの繰り返しだと思う。そのヒントが我々大先輩たちの言葉の中には沢山ある。すなわち〝古きを温ねて新しきを知る（温故知新）〟である。昔を知らないで新しい剣道を開発しようなんて大それたことを考えていると、とんでもない剣道が出来上り、気がついた時にはそれは滅び去っている……。

現在の当るに幸いの剣道の姿のままだと世界選手権で敗れた時点であるいは滅亡の道をたどるかも知れない。柔道は世界中、外国の人たちが指導者として普及している。すなわち試合主体だと敗れたら指導者は日本人でなくても構わないわけである。勝負事というのはやがて負ける時がくる。外国では今、年齢別、段別、性別、体重別、身長別などさまざまな分野での選手権を求めていると言われている。その一分野でも勝ったら世界選手権を獲ったことになる。そのうちにたとえば韓国流の剣道というのが出てくるだろう。現実には存在しているが……。いずれ本家と元祖の争いとなるだろう。

その時に本家本元というのがあるかないかということが、これまで述べてきたことにも結びつくのではないだろうか。その意味で我々は剣道の持つ神秘性とか、芸術性といったものをもっともっと深く追求していかなければならないのである。

結局、叩くということだけでは解決がつかない、奥へ奥へと深く進めないわけである。斬るということは現代的ではないが、打つという表現と比較するとはるかに正確で鋭く、奥の深い言葉である。要は安全に斬るための戦いが剣道であり、そこにも芸としての光が見出せるのではないだろうか。現実に野球でもゴルフでも打つのではなく斬るつもりでと一流の指導者は言っている。

剣道家は根性があって、礼儀正しく、稽古も気迫を伴った最も激しく厳しいものと言っても、他のスポーツ、たとえばラグビーなどの練習の方がよっぽど激しいし、礼儀だって正しい。すなわち今、剣道家は芸のみがき方が世間で認められていないのではないかと思うのである。それは剣道家自らが招いた芸道の低下ということであろう。が、まだ幸いにして履歴書には〝剣道三段〟と堂々と載せている者もいるから、運転免許証くらいには思われているようだ。剣道三段イコール真面目であるとか……。

だから我々はそういう芽をもっと掘り起こして他の分野の人たちとも交流を重ね、世間に認められるようにならなければならないと思う。

剣道というのは素人には分らない、また観るのも難しいと先生方は認めさせてしまっているが、私はそんなことはないと思う。柔道は投げるから面白くて分かるけど、剣道はいつ決まったのか分からないから面白くない。そう言われるのは剣道家自身が芸としてとらえていないからである。芸道としてとらえていれば必ず世間の人を魅きつける何かがあるはずだ。そうなれば理解も深まるはずである。やさしく単純なものほど飽きがくるのも早い。ある時代に流行性感冒みたいに試合が流行って、流感が終わったら、魅力がなくなってそこで剣道が終わってしまう。これが現実だが、そうではなくてその寿命をもっと延長していくということである。生涯体育、生涯剣道こそが究極の目標とならねばならない。

剣道家は油断をしてはならない。良い面は沢山あるのだから、そこのところをもっと真剣に深く掘り起こしていかなければならないのである。

第二章

私の眼に映じた第36回京都大会（昭和63年度）

年に一度の京都大会は、その人その人がこの一年間さらに努力精進したであろう修行の成果、いわゆる剣道の姿を立会の中でいかに表現するかという晴れの〝舞台〟である。ところがここ数年来の京都大会の流れを拝見してみると、教士八段までは三本勝負だが、ただ単に勝敗を争うということのみに終始してしまっている立会が意外に多いことに気が付く。

勝敗を争うということは、筋書きのないドラマであるとも言われるが、高段者になると、勝敗以前に自らをこういうふうに表現したいという考えが当然あってしかるべきだと思う。が、現実はそうではないと感じるのは私だけだろうか。

極端な言い方をすれば、あそこで無理して打たなければ良かったのになという立会が意外と多いようなのである。本来なら打って良かったとなるのだが、機が熟していない、すなわち攻め切ってもいないのに当てんがために無理な打ちを出して崩れてしまったと……。「無理しなきゃいいのにな」という立会が多い。やはり人間というのは欲を押さえ切れないものだのだろうか。しかしそれは我々が拝見していてとても残念なことである。

やはり教士八段、範士八段、九段の先生方の立会というのは、我々六、七段の青二才にはとてもじゃないけど表現できないキャリア、年輪あるいは風格が感じられなければならないはずである。その姿、心を剣道で表現する……。そして観ている人々は言葉では表現できない感動を覚える。すなわちそれが芸道たる所以ではないだろうか。新進気鋭と言われる若手が挑んでもとてもじゃないけれど格が違う。我々はそういう目標となる立会を常に望んでいるのである。だからこそ全国から沢山の剣士が見取り稽古にこの京都に馳せ参じてくるわけである。

芸道の良さというのは、単に勝った負けただけではない。そういう単純なものではないと思う。もちろん打たなければならないのも事実、勝たなければならないのも事実、また当たらなければダメだというのも事実……。しかし当たらなくても良かったというのも事実、打ったから悪かったというのも事実である。それは人それぞれの剣道観だが、拝見しているとどうも一方の剣道観に偏っているような気がしてならない。

立会は一本の打突を出す（表現する）までの筋道（プロセス＝攻め）が大切であり、これが粗末であったり、賤しいといわゆる先人の言われた足軽剣術だとか巾着切り（掏摸《スリ》）の剣術になってしまう。そうではなく剣道は須《すべか》らくその姿は「大納言のごとく」とか「加賀百万石のごとく」ふるまえ等々に表現されているわけである。

〝いずれのかまへなりとも、かまゆるとおもはず、きる事なりともおもふべし〟と宮本武蔵は『五輪書』の中で述べている。構えとはすなわち斬ること。構えがあって攻めがあって、そして打突があるのではない……。

私の剣道観から考えるならば、武蔵の言うように構えが即斬ることに結びついている人の剣道はやはり立派だなと感じる。そんな人の立会は拝見していて緊張の連続だから息がつまってくる。いわゆる業前が厳しいからである。そして終わるとホーッとみんながその緊張感から解放されたように響動《どよ》めきが起こる。すなわちそれだけ大きな感動を受けるわけである。ところがやっている最中に周りでワァーワァー、ガヤガヤ言っているのはいわゆる緊張感のない立会である。

昨今の学生の試合など、みんなそんな状態である。本当にいい試合ならばみんなが息をつめてそれに見入り、ドンと打った瞬間に思わず感嘆の声が出る。そして自然に拍手も湧き起こるだろう。最近、その学生の大会でも将来を憂える現実が多々見受けられる。日本人は一億総野球中毒説もあるくらいだが、そのプロ野球を「野次のゲーム」だと極言する野球マンがいる。その影響かも知れないが、学生剣道大会でも母校の選手を勝たせんがために、鐘や太鼓ではないが、「多勢に無勢」と試合中に声援をおくる。アナウンサーは声をからして再三注意する。間断なくマイクの注意が大会中響きわたる。これが学生大会の現実でもある。この現実を省みて心ある人は非常に将来を憂いているのである。この現象がスポーツからくる影響であろう。

話が横道にそれてしまった……。

構えが打突につながり、もう打てるところまできている。もう打てば当たるところまでつまっている。しかしよくよく堪えて、さらに攻め切って相手が苦しくなって技を出すまでこちらは技を出さない。この攻めを一所懸命にやると非常にきつい。学生にもよく言うのだが、普段の稽古でも切り返しや懸かり稽古がきついうちはダメ。攻めることの気力、念力の修行の方がはるかにきつく感じるようでなければと……。すなわち一本の大事さ、ありがたさというのは、そういう業前を重要視することによって初めて知ることができ、また自ら味わうことができるのだと思うのである。稽古の修行の目的は「瞬息心気力」。呼吸法であるという。

ところが攻めの浅いうちにみんなバンバン打ってしまう。だから当たっても自分自身に返ってくる感激が薄い。もちろん打ってこそ剣道だよと思っている人はそうでもないだろうが……。それがひいては、先程言った足軽剣術とか巾着切り……、人の油断をすれ違い様に盗んでいく剣道につながっていく。そんな剣道をしてはならないと、我々はよく戒められたものである。

そうではなくて、お互いが鬼気迫るような攻め合いを演じる。そういういわゆる業前が表現されてくれば必ず観るものの心を打つのではないだろうか。一心不乱にさせるということは芸道において非常に大事なことなのである。

ところが京都の朝稽古などを拝見していると、本当に稽古をお願いしたいなと思うような先生は失礼だが、少なくなった。私に言わせれば真面目でないのである。例えば20人の相手が名人にひと手御教授頂きたく、はるばる地方から馳せ参じているのに、20人並んでいると、20分の1の力で続くような稽古というのだろうか……。近間に強引に入ってきて、ガチャガチャと打つ。たまに気の強い若手の剣士がいたりして、グイと突かれると、今度はムキになって喧嘩腰でその若い者に向っておられる。そういう稽古ぶりを拝見すると、どうかなぁという気がしてしまう。なんだかイメージが違ったなぁという話を沢山聞いたものである。

そうではなくてあの先生に僅か一分間くらいだったけれども、稽古をお願いしたら間合といい、気迫といい、惚々《ほれぼれ》としてしまったと……。あの肌で感じた気位はそれぞれの田舎に持ち帰って稽古したいなという夢を与えてもらいたいものである。

是か、非か……

さて、今年（昭和63年）の京都大会における立会だが、七段で一組だけ互いに一本も打たず、攻めに終始したという興味ある立会があった。個人的なことだが、私の二番目の兄――馬場勇司氏（長崎）――と宮田秀昭氏（福岡）の立会がそれである。我々の段階の眼で観ていると、それは先に出た方が負けるな、苦しくなって出ていったら必ず返されるなという見応えのある攻め合いを演じていた。そしてお互いが攻め勝ってやろう、攻め切ってやろうと思っているうちに時間が来てしまった……。

これにはいろんな見方があって、「あんな剣先だけでガチャガチャやっただけではダメだ。やはり打たないことにはな」と声高にビデオの中に高段者の先生の声が入っていたりもした。高段者の先生方の眼から我々のこのクラスを観れば、確かにそういうふうに思われるかも知れない。

しかし我々から観ると、互いに先の気持ちを持ってよく攻め合って、あそこで打って決着をつけてもいいのだけれども、もし出ていったら先程言ったようにパッパッと捌かれるだろうな……。つまり先に出ていった方が負けるなという戦いに映った。要するに〝気先技後〟気持ちは先に、技は後にということを実践しようとする姿勢が、その立会からは感じられ、まさに両者が以心伝心の心境での立会だったのではと推察されたものである。

両者とも「攻め勝たないと技は出さないぞ」という気持ちが偶然にもぶつかり合った結果がそういう立会となったのであろう。賛否両論はあれ、それが中堅どころの七段の部で一つだけ。私にとって興味ある立会だった。また他の観ている人にとっても、もしあそこで技を出したら、果して返されたか、いや打ち破れたはずだとか、どちらが勝っただろうかという夢、ある意味で課題を与えてくれたような立会だったと思う。現に立会終了後、いろいろと事の顚末《てんまつ》が観衆からささやかれていてとても興味があったのは事実である。

攻め勝って打ちたいということは誰もが思っていることだ。しかし現実には相手次第だから結局は打ち合ってしまったよとか、ところ構わずガチャガチャと打ってくるものだから相手に恵まれなかったという方も結構おられるわけである。だから立派な立会というのは、以心伝心でお互いの気持ちがパッと合致した時に成されるものなのであろう。そうすることによって初めて剣道に芸を感じることができるのではないかと思うのである。

突きつめれば、良い立会というのは相手も立派、自分も立派、審判も立派、そしてその内容を評価してくれる観衆も立派……。すべての条件が整わないと芸道というのは成就しないということであろう。学生諸君にものこの観衆のマナーということについて今一度、反省してもらいたいと思う。

感銘を受けた中西―石原両範士の立会

今回の京都大会で私が最も印象に残ったのは、中西康先生（広島）と石原勝利先生（熊本）の立会だった。石原先生は勝負師らしい厳しい攻めを見せられたし、一方中西先生はその石原先生の攻めを受け止め、そして動ぜず、泰然自若という言葉がふさわしいような美しい姿で凛としておられた。

ややもすると勝負師に当たると、当てられてしまうから、細かく守らなければならないと思ってしまう。ところが中西先生は石原先生がどんなに攻めてこようと『俺は俺なんだ！』という深い印象の受ける姿でビクビクされなかった。石原先生は何度も何度も入ろうとされたが、そこで強引に出ていったら返されることは読んでいる。そこが勝負師の勝負師たる所以であろう。本物の勝負師である。

お互いに先々の先の気持ちで攻め合っている。だから見応えがあった。先程述べた立会同様、素人目には何もやっていないように見えるかも知れないが、実は内容は濃いのである。それがなくしてキャッチボールみたいに、ハイ打ちました、ハイ今度はこっちが打ちましたという立会になると内容が浅くなる。素人受けはするかも知れないが……。

結局、ジーッとしていれば時間は過ぎるし、さりとて打っていれば返され、先々の先で出てこられる。石原先生が攻め崩そう攻め崩そうとして入るのだけれども、中西先生はそれを跳ね返す心持ちでまさに攻防一体という感じの立会だった。

中西先生の立ち姿はまさに自然体であり、我々もいずれはあぁいうふうな剣道ができればなと感じたものである。先生は居合もやっておられるから、おそらくその居合からくる呼吸などもその剣道を形成する一つの要素として含まれていて、その姿には剣道オンリーではないような何か深いものが表わされているように感じた。きっとそこに先生の品位の秘密が隠されているのではないだろうか。

剣道というのは得てして臆病になるものなのである。あまりにも相手の攻めにビクビクしすぎるのである。現代剣道で度胸がつくというのは、私に言わせれば疑問なのだが、その疑問を打ち消すかのような中西先生の凛とした姿が光った一番だったと思う。また石原先生の勝負に生き、命がけの修行をされた鋭く、一本一本を大切にされる剣風にも感動を覚えたものである。

今、度胸の話が出たが、現在の剣道家の中で一番度胸のある先生は楢崎正彦先生（埼玉）であろう。巣鴨プリズンで生死の境を生き抜いてこられた方である。やはり凡人とは違い、その剣道には器の大きさが感じられる。それを経験していない人たちが楢崎先生の剣道に迫っていくというのは非常に難しい。しかし本当はそうならなければならないはずである。昔の人は戦争を体験したからそれなりの度胸は持っている。が、戦争に行かなければ分からないでは困ってしまう。それにはやはり普段の稽古の心懸け、先程、一心不乱と言ったが、その姿勢は非常に大事なことだと思う。久しぶりに楢崎先生の朝稽古を拝見したが、やはり一人一人に対して真面目で真剣な稽古ぶりだった。

その楢崎先生の立会は松元貞清先生（東京）とだったが、その対戦は全く剣風の異なる組み合せで、大きく振りかぶって相手の受ける方向によって瞬時に対応する松元先生に対し、正攻法で泰然自若たる楢崎先生の立会振りだった。松元先生も相当研究されたようで、とうとう天下の『楢崎の面』をゆるさなかった。その意味では松元先生の剣道に必死の姿を拝見することも出来た。しかし楢崎先生にしても、我々が期待しているあの面を必ず打てという注文も厳しい。が、今までずっとそうしてこられたわけだからこれからも永遠に期待し続けられそうであろう。楢崎先生の立場からすればとても苦しい。その意味で私共は先生の剣風に夢を持ち続けていきたい。

技は基本、攻めは千変万化

しかし色をつけずに技を出すというのは難しい。本当はそれが理想である。すなわち技は基本、攻めは千変万化。技が千変万化では困る。技は基本通り打つ。これでいい。基本通りに打たないということは言い換えれば、攻めが浅いということである。攻めていないから技で変化、すなわち色をつけて打つのである。そうではなくて我々は攻めの色をつけたいのである。その意味で繰り出した技がどうしてあんなにも簡単に決まるのだろうかと言わしめるのがやはり名人なのであろう。

それは、ヨボヨボの古猫があれだけ家を荒し回った強鼠をのろのろと歩いて行って一撃でカブッとくわえたという『猫の妙術』で言われていることに結びつく。そののゝろゝはゝやという動きの中に味があるわけである。

私は自分が色をつけなければ技を出せなかったなら、どうしてそうまでして打たなければならないかと、自分自身を軽蔑する。そうでなければ進歩がないはずだ。それで満足してしまっては……。我々の大学の大野操一郎先生（国士舘大学剣道部部長師範、範士九段）はそういう剣道を「高天《たかま》が原で面」「横振りに名人なし」と言われ、私共の時代には厳しく戒められたものである。いわゆる御幣を手に「祓いたまえ、清めたまえ」と言っての面である。そんな色をつけた技はダメと言われたが、確かにその通りだと思う。

たとえば相手の中心がきつい。だから面を打って相手が受けたところをすかさず裏から面といく。すなわちその間、その人間の心は卑屈になっているわけである。試合では〝面一本〟かも知れないが、そういう心で打つことは考え方がある意味ではいびつなわけである。剣道はあくまで中心を割って（心を打ちくだいて）打突するものと考える。

それは理想論だと言われるかも知れない。が、進歩する上においてはそれは乗り越えなければならないことだと思うのである。そうでなければその人の剣道は発展しないのではないだろうか。

また、中心を攻められ、フウッと開いて手元が浮いたらその人間はそこでもう一回負けているのである。そのあとに崩れながら振り回した結果、たまたま当たっても、それは勝負に勝ったというだけで、心は負けている。自分が作って打ったわけではないのであるから……。それを一本だと言って強調していくと、自分がホッと浮かされたという心の方が疎かになってしまう。そこのところを自分に厳しく律しなければならないのではないだろうか。

だまして勝ったってそれはやはりだましでしかない。なにがなんでも勝て、それも大事だ。だけれどもそれは単に勝った負けたというだけの話でしかないのである。

結局、それでは韓国の剣道と遜色なくなってしまう。心ある韓国のある先生方は母国の学生の剣道観を正しく導こうとして、私共に意見を求められ、私も真剣に語り合ったことがある。やがて40代になろうその先生方の努力はきっと韓国の剣道を正しく発展させるものと期待している。

その意味で指導者の目指す剣道というのは教え子にとって大事である。だから何年かかっても師を選べというのはそこなのである。そういうことを我々は先生方の立会に見出すわけである。この先生はこういう考え方で、またあの先生はこういう考えで剣道をされているなと判断しようとするのである。

戦いは決戦前からもう既に始まっている

谷口安則先生（福岡）と森島健男先生（東京）の立会もお互いにその持ち味を出し合った立派な対戦だった。谷口先生の気性の激しさというものが、とくに後半に表われた内容であった。「これは俺の命をかけた突きだぞ」というところを見せられ、さすがという感じを受けた。森島先生もまたグッとそれに応えられていた。

私はこの立会を拝見して、地方におられる先生が中央の先生に遅れをとるまいぞという凛々とした気迫を感じた。というのは私の場合、立会だけでなく、その事前の先生方の姿を拝見したいと思っているのである。谷口先生という方は一角の人物である。まさに戦いにのぞむ武将の姿という雰囲気を感じた。

立会の時間が刻一刻と迫ってくる……。それに伴って気持ちも次第に高まってゆく、その気持ちの高ぶりを押さえるところは押え、燃えるところは燃えて、いよいよ戦いに挑んでいくというプロセスも見ておきたい。私は谷口先生が立会に臨む一時間くらい前から注目していたが、控えの場所におられてジーッと瞑想され、これも泰然自若と待機されていたのが実に印象的だった。

我々も学生の頃から経験があるが、試合に臨む前というのは非常に息苦しい……。だからその苦しさから逃れたいために鼻歌を歌ったり、雑談をしたりするものである。しかしそうした時、またそうした者は往々にして、1、2回戦で崩れていた。すなわち武蔵の神仏は尊ぶ、されど頼らずで「戦いは俺のものだ。神頼みはしない。俺一人の責任でやるんだ」という心懸けが剣道では大事だということである。そういう心境を谷口先生に見た気がした。

それこそ芸道の深さを感じ、観る者を感動と夢の世界へとかりたてる所以であり、スポーツと違うところだと思う。楽しさというのは全くない。相手のことを考え、自分のことを考え、良かった時のことを考え、悪かった時のことを考え、そしてそれらの雑念を振り切って戦いに臨む……。その過程が非常に尊いのである。そうした試合が終わって結果が出てしまえば、勝っても負けてもホッと解放される。そして相手と剣縁で結ばれるのである。

そんな語り草になるような立会を我々は期待したい。さすがに九州に谷口ありと……。それが本当の意味で筋書のないドラマと言われる所以ではないだろうか。そして東京警視庁に森島ありと見事にその気概に応えられた素晴しい立会だった。

目を引いた広島勢の活躍

教士八段では、そのトップを切って行なわれた熊本正先生（広島）と斎藤輝男先生（千葉）の立会に目を奪われた。八段の若手の激しさ、厳しい難関を通ってきた八段のプライド、ピリピリと張りつめた気迫がその立会からほとばしっていた。

気迫とか気当りというのは、その日になって急に出そうと思っても出るものではない。技の場合はたまたま出たという時があるが、気迫とか鋭さというのは、やはり日頃の修錬である。両先生の立会は攻めの気迫が切れなかった。ズーッと張り合っていた。それを苦しいからヒョイヒョイと切ったりすると、お互いに盛り上がりに欠けてしまう。ところがそういう張りつめた稽古をすると非常に疲れる。だから僅かな時間の稽古でも、終わると頬がゲッソリそげたり、目がくぼんだりしてしまうものである。我々は普段からそういう稽古を心懸けなければならないのではないだろうか。

先に切り返し、懸かり稽古がきついうちは……といったのはこのことなのである。ところが長時間稽古をやる中で攻めの厳しい稽古をやると体がもたないから、近間に入ってゴチャゴチャと打つ人が多い……。当ててケリをつけようとすると攻めがまずしくなり、かつて父に戒められた「軍鶏《シャモ》の喧嘩」になってしまいがちになるのである。

ある意味で間は詰め将棋である。王手、王手と次々に詰めてゆくべきなのである。ところが途中でフッと切ってしまう。すなわちこれは競技化の傾向なのであり、サッサッサッと出入りを素早くしているのは間合が分からないということでもある。そしてその瞬間に隙があると、ポンと打ってやろうという剣道が主流になりつつあるのである。

立会というのは、また私の考える剣道の本当の稽古というのはそうではなくて、詰めて詰めてそしてお互いの気持ちが高まってきたところで心の戦いに敗れた方が動く、そこを打つ。それが剣道の真髄だと思う。そこのところを追求したいというのが、我々の大きなテーマでもある。しかし心の問題というのは難しい。欲もあれば、我もあるし、それを押し殺してそこまで行くというのは、日々心懸けて修行しないとなかなかできるものではないと痛感している。

その意味でこの両先生の立会は柔らかくて不気味だというものではなく、逆に剣先から火花を散らし、炎のような気迫の激しさを表わしたものだった。それがひいてはその年代に応じた不老の剣にも結びついていくような期待を大いに感じたものである。

また熊本先生と同じ広島の名越大賢先生の立会も目をひいた。2回立会われたが、その2回とも張りのある捌きで相手を制圧したのは見事だった。

こうして振り返ってみると、今年は広島勢の先生方が立派な立会をされている。中西先生、熊本先生そして名越先生……。どの先生方も技を非常に大事にされていた。だから広島というところは各人が独立してそういう稽古をされているのか、それともどなたか中心になる方がいて稽古会などで引っ張っておられるのか、その隆盛ぶりの原因が私は大いに気になった。

◉

今次の京都大会は全体的に水と油を合わせた組み合せが多かったようである。ただ今回は勝負師の方がやや良くなかったような印象を受けた。無理に勝負に出て、制されてしまったという立会が多かったようだ。すなわち技を追求することも大切だが、その技におぼれてはいけない。それが高じると、やはり逆に芸道の深さに押さえられるという気がした。

いろんなタイプの先生がおられていい。そして観ている人もその人の剣道観によって、この先生の剣道が好き……、あの先生の剣道が好き……、それはそれでいいと思う。ただ剣道の本道というのか、その進むべき道というのは踏み外してはいけない。言い換えれば、右派の人もおり、左派の人もいていい。だけれども幹となって中心を進む主流派の人がおられないとそのうちに枝葉末節だけになってしまう。それでは剣道の前途は暗くなるばかりである。

正しい修行の過程をその年代年代に積まれて、その域に達し、我々若い者やまた素人の方が拝見してとうてい及ぶものではない……。そういう味わいを持った方はやはり立派だなと感じた。激しいもの、柔らかいもの、その表現方法は千差万別である。ただ若い者には負けないぞという剣道、要するに力とスピードの元気印の剣道ではやはり魅力がない。それは若い人たちに任せて置けばいいのである。その域を抜けられてきた味のあるところを我々は期待しているのである。

攻めるところは攻め、守るところは守っておいて、満を持してドーンと出る。ところが一方は立派な攻めをと考えていても、もう一方がバタバタと打ってくると仕方なく振りかかる火の粉は払わなければならない。すると結果的にその立会は味けないものになってしまう。その意味で我々日本人が期待している人物には、それにふさわしい人を当てて欲しい。そういう立会が一組でも多くなって欲しいと願いたい。

以上、印象の残った立会を述べてきたが、それらの他にもう一つだけ印象に残った演武があったので、それを付け加えて置きたい。

古流（各種の形）の中で、本年特筆すべき形があった。それは天下の名門会津藩の御家流である一刀流溝口派左右転化出身之秘太刀の演武である。宗家の和田晋先生亡き後、好川忠先生に引き継がれ和田先生に可愛がられていた家柄正しき長沼悟詮、高橋祐平両先生が、好川先生の厳しい指導によって京都でのお披露目まで実に十余年をついやして、本年初めて公開された。

私は好川先生の流派の正当性への厳しさと愛情、そして長沼、高橋両先生の後世へ引き継ぐべき努力と責任感、そして形の流れの中の激しさと美しさ、さすがに名門会津藩の歴史を考えても秘太刀という名称と常に会津武士の底流を流れている信念というものが、この形の中から脈々と泉のごとく溢れ出て感動した。そして御逢いして好川先生を師とあおぐ両先生の御人柄と一言一句に触れて、流派の正しい伝承の姿を拝見できたし、そこに芸道の深さを感ぜずにいられなかった。益々、好川先生について努力精進され、故和田先生の残された溝口派一刀流の魂を正しく後世へ伝えていただきたいと念じている。

最後に家訓として父が戦後、私共子供を教育するために表現したものが「国起こすよき家ぶりを残さんと、子ら励ましてつるぎに生きる」であり、また私の一門の剣道訓、「もののあわれを感じ、風流で優雅さがあり、思いやりのある日本人たれ」ということを剣道を通じて修行し、いかに表現するか……。これが究極の目標であることを御紹介したいと思う。

第三章　師弟の道

三年遅れても良き師を選べ

『三年かかっても良き師を選べ』—これは芸道においても最も大切なことである。が、井上正孝先生（範士八段）はそれをこういう言い方で表現された。『三年遅れてもいいから良き師を選べ』と。これはまた少し意味が違ってくる。

たとえばライバルがいたとする。そのライバルは良き先生を見つけた。しかし自分にはまだ見つからない……。これは早く見つけなければいけないぞ、と焦ってはいけない。三年遅れてもいいからもっと良い師を見つけなさい。これはそういう意味の言葉だが、『三年かかっても……』よりもある意味ではもっと強烈に我々にアピールする言葉だと思う。

すなわち師を選ぶということは、それほど大事なことなのである。何故ならば、剣道の師はイコール人生の師でもあるべきだからである。その人の剣道の一生を決めると言っても過言ではない。ところが意外とあの先生もこの先生もと渡り歩いている人が多い。結局、それは自分にとって何分の一の師でしかない。五人おられるということはすなわち五分の一の師でしかないわけだ。

そういうことで今は教わる方がかけもちという状況である。昔は反対に教える方がかけもちだったという。近世の名人の御一人である大島治喜太先生などは一日に十数ヶ所も指導に行かれたと聞いている。ところが今は熱心というか、節操がないというのか、弟子がかけもちで週ごとや曜日ごとに教わりに行く。

また、中にはこんな人もいるようだ。「あなたの先生はどなたですか」と尋ねると、利害関係を考えて、今、一番勢力のある「○○先生です」という。「いつから教わったのか」と聞くと「去年からです」。「剣道は何年やっているのか」、「30年です」。「それではその前の29年間は一人でやってきたのか」とさらに聞いてみると、「いや〜、いろいろいましたけどね……」と、こうである。術のみを教わろうとして心を教わっていないのである。

芸道というのはそんな浅いものではないはずだ。その人の剣道人生の中で、一番最初に〝剣道は素晴しいなぁ〟と自分に教え、導いてくれた先生……。昔は、これまでに一回も教わったことはないけれども、その先生の剣道を拝見して自分の目指す剣道はこれだ！　と憧れてしまった。残念ながら亡くなられてその先生に教わる機会はなかったけれども、心の中でその先生を師と仰ぎ、そのイメージをずっと追い求めたという人もいたものである。

◉『わが師の言葉』より

故・佐藤卯吉先生（範士九段）はその著書である『永遠なる剣道』で我が師の想い出について次のように述べて居られる。

郷里広島で剣道の手ほどきをしていただいた師匠は、貫心流免許皆伝の上野恂作先生であった。先生は御高齢にもかかわらず冬の寒い夜も夏の暑い日も私ただ一人の為に、いやな顔一つせず防具をつけて稽古をつけていただいた。剣道修行のため上京に際して、お別れの挨拶に伺ったときにいただいた餞別の言葉は、

「せっかくのことゆえ、寸志だけでも餞別の品を差し上げたいと思うが、何分にも御承知のとおりの家計の状態なので思うにまかせない。しかしただ一言だけはなむけの言葉を申し上げておきたい」と言われ、「一般社会人と接した時、先様から話が出ればともかく、他人の前で自分から進んで剣道の話を持ち出してはならない。君の交際の邪魔になる。注意しなければならない」

ということであった。今この年になっても肝に銘じて忘れることのできない、尊い訓えである。

（これは剣道家として自分の殻の中から一歩も抜け出せることのできない、一般人に通じない剣道ではいけないということであろう）

私の剣道の心の眼を開いていただいた方は、吉田清太郎先生である。吉田先生は剣道家ではない。キリスト教の牧師であった。先生は京都同志社大学創立当時の卒業生で、新島襄先生の感化を強く受けられた方であった。また嵯峨天竜寺管長峨山禅師の下に参禅見性《けんしょう》された。

吉田先生は、キリスト教関係の人たちからは「愛の行者」と呼ばれるほどの徹底した愛の実践者で、キリスト教の信者としてもまれに見る信仰の深い方であった。救世軍のかつての司令官山室軍平氏は、「自分は吉田清太郎君の靴のひもを解くにもたらない」、「この世の中に吉田清太郎君のよ

うな人間が存在するとは思われない」とまでほめたたえている。

私は吉田先生によって真の剣道の心構えを教えられた。良心生活の尊さを授けられた。

私が後に「愛の剣道」を提唱するにいたったのは、先生の影響によること大である。

剣道の技能の面は高野佐三郎先生に、剣道精神、心の持ち方は吉田清太郎先生の御教導によるたまものと言ってよい。

究竟の剣道に達するには宗教の研究が、むしろ神や仏に奉仕する態度として剣道を行ずるというのが現在のわが心境である。自己を無にして神と一つになりえた剣道、自然と一体になりえた剣道に到達したいと祈って、修行に精進している。

◉

私にも故郷に松本規純という『心の師』がいる。長野の名刹の「禅宗」の出で、五島で仁術をもって医学の道で島民の力になっておられる。人には必ずこの先生が居られなかったら、現在の私は存在しないという恩人とも言える忘れてならぬ人がいるはずである。規純先生は私の学生時代の身心の空腹を満たしてくれ、長崎で新婚時代は古き仕来りの剣道界との確執を憂い、再上京しての修行を進言していただき、上京後の物心両面の御援助は終生忘れることのできない恩人となり現在に至っている。師弟の道も同じ道ではないだろうか。

芸道というのは、道の修行だから一人の師に生涯を通じて終わるというのは非常に幸運な方である。だけれども道を学んでいく上で、いつかはその師に永遠に別れを告げなければならないわけであるから、その師に対する感謝の気持ちというのはいつまでも忘れてはならない。そしてその師の教えを後進にまた伝えていく……。

佐藤先生が剣道を志し、稽古を始めてから六十有余年になっても、未だすばらしい餞別の言葉をいただいたという先生を大事にされていたということは、我々道を修行するものにとって、最も大切なことを言っておられるのではないかと思うのである。

落語から得た教訓

先日、剣道部の行事として学生と一緒に落語を観に行ってきた。〝にっかん飛切落語会〟(日刊スポーツ主催)と言われる若手を育てる会の一つで、それにベテラン勢が応援出演する。要するに柳家小さんや江戸屋猫八師匠が出演するからお客は足を運ぶというわけであるが、私は若手の修行振りを学生に観てもらいたかった。

庶民の娯楽、たかが落語と思われがちだが、されど落語でそれは伝統的なもので、そこには我々が忘れかけていたまさに〝流派〟の存在というものを学生との反省会でも痛感させられたものだった。

落語の世界では三遊亭、笑福亭、柳家、金原亭……と、その流派が明確になっている。ところが古典落語というのは昔から同じ内容のものだ。しかし題名が同じだからと言って、「またあれか……」というのではない。そこには例えば、三遊亭の流派の基礎が根底にあり、その人、その人の芸の深さとか、味が違った形で表現されている。だから三遊亭が笑福亭流をしゃべってしまったら終りで、他人の領域を犯すようなものである。破門ものであろう。

会はまず、前座が本番前に七、八分の時間をもらって「お笑いを一席……」といって始まったが、それはまるで暗記しているだけのしゃべりで、その間、時計を気にして5回も見ていた。そして二つ目になると、羽織を着て、その雰囲気だけでさすがに前座とは違う。先輩、後輩とはかくも違うものかというくらいの格と実力の差を目の当りにし、これはまさに芸道の道だなと感じたものである。

果たして剣道の世界では、たとえば大学1年と2年では、また三段と四段ではかくも風格が違うのか……。1年生の間にはお茶を入れたり、先生の稽古衣、袴を畳んだり、掃除をしたり、俗にいう雑用と言われるものも一つ一つ修行と考えて一所懸命に取り組み、そして2年生になると、それを卒業してようやく稽古に打ち込めるようになる。その実力たるや、見ただけであの学生は1年、あの学生は2年……と判るべきだと思う。我々の時代はまだ良かった。試合では先輩に勝てても、稽古ではやはり圧倒される。押されるなというのが本当の意味で先輩の強さだなと感じていたものである。だから自然と尊敬の念があった。

落語の世界ではそのことがしっかりしている。だから二つ目からもうそれぞれの個性を発揮して、前座の時にはザワザワしていた観客を魅了しているのである。

笑福亭鶴光が〝牛ほめ〟という噺をする前に、自分の師匠の話をした。その内容を簡単に説明すると――。

自分は噺家になりたい。それにはまず師を選ばなければならない。どの師匠について学んだらよいかと、いろいろの寄席を観て回った。すると我が師匠はそれらの人たちの中で一番ごつい顔をしていた。まるで鬼がわらのようだったと。しかし世間ではよく言われるところの恐い顔の人は心は優しいだろうと思って入門してみると、顔も心も鬼だったと。

鶴光というと、我々がテレビで見ていると、いつも馬鹿な真似ばかりしているから、単なるタレントだろうと思っていたがとんでもない。そう思わせるところが芸であり、師匠の声色《こわいろ》など見事なものだった。さんざん気合を入れられたと言っていたが、いかに師匠を愛していたかということが、その噺からしみじみ伝わってきたものである。この会の中では唯一人関西から来ているという自覚がありありと見えて、関西弁でバリバリやっていた。とても気合が入っていたように窺えた。

そういう姿を見ると、やはり流派それぞれのプライドというものを強く感じさせられる江戸屋猫八師匠は「芸道二筋道」という題で、初代との苦労話と貧しい生活の中であくまでも明るく生きて芸をみがき、三代目の小猫を育て上げるまでの噺には学生共々大いに笑わされ、そして精一杯泣かされた。新人類たる学生諸君も涙しており、芸の力をまざまざと見せつけられたものである。

剣道界においてもこの〝道〟というものを今のうちに明確にさせておかなければ、剣道そのものが壊れていくような気がする。私の場合は生まれた時から運良く師に巡り合っていたというのか、一生の師がいるものだから、道に迷わないで済んだ。だから常に進むべき目標が見えてくる。そんな中であっちに行ったり、こっちに行ったり寄り道をしてもいいのだけれども、結局はまたその本道に戻る道がある。ということはそれは剣道でいうところの心の基本であり、その基本を知っているということは、スランプに陥ってもそれに帰れば立ち直りは早いのである。

それはあらゆるスポーツでも共通して言えることではないだろうか。ゴルフでも同じ。基本を知らない人がボールを打って左にビューンと曲がると、次は右に打たなければと考えて右に打つ。すると今度は右に曲がり過ぎてしまう……。どっちに打ってもダメで、そのうちにもうメタメタになってしまう。そういう人はやはり基本ができていないのである。ただそれは技術面における基本ということだが……。

その意味でも我々は己れの進むべき心の基本となるべき道をきちんと学ぶこと。すなわち道を学ぶためには自分の師を見つけなければならない。それこそ井上先生が言われる『三年遅れても……』ということであろう。剣道ではとくにそのことが大事であると思う。

しかしながら剣道界で果たしてそんな強い絆で結ばれた師弟関係が数多く存在するのだろうか。今、その可能性があるとすれば、代々続いている町道場の先生であろう。それしか可能性はない。しかしその町道場の先生方が意外と悲惨な目に遭っているのである。何故か……。我々学校剣道の指導者がその領域を結構侵しているからである。我々が授業で行なうことまではいいけれども片手間にあちらこちらで教えている……。これはある意味で越権行為であり、その人達の剣の道を圧迫しているのである。町道場の先生方にとっては心外なことであろう。

ある偉い先生はかつて、「警察剣道こそが実戦の為の剣道だから専門家であって武道であり、学生剣道は試合中心の剣道だからスポーツ剣道である。だからそれを教える人もスポーツ剣道であって武道ではない」と言われたことがある。これも甚だ心外なことであるが、しかし私に言わせれば、道場の指導だけで生計を立てている人、それらの人たちが本当の意味での専門家なのかもしれないと思う。

ただ町道場もいろいろあって、先程言った代々続いている本物の剣道を後進に導いている町道場と、商売あるいは勝つことのみを考え、進学塾よろしくさまざまな趣向を凝らして門弟集めに奔走しているところもあって、それはさまざまである。

前者のような町道場で教わっている人たちは、技はもとより蹲踞の仕方から構えなどまでやはりその道場の先生にそっくりである。いや、そっくりでなければならないと思う。落語でいう三遊亭はやはり三遊亭独自の流派があり、間があり、語り口の基本があり、その人の持つ個性あるいは実力が加味されて、三遊亭流が表現され、決して笑福亭ではない。

現在の剣道界ではその〝道の修行〟ということが非常に疎かになっているような気がする。剣道界が落語界のように伝統をきっちり踏襲していくには、我々自身がそういう〝道〟をしっかりとふまえた修行をしていくかどうかにかかっているのではないだろうか。

師弟の道

剣道には修行上の心得を説いた〝守・破・離〟という言葉がある。ところがそれは実際にこの剣道界に存在するのかなと考えたとき、疑問に思う。何故ならば、まずもって、〝守〟が存在しない。〝守〟がなくて〝離〟も〝破〟もあろうはずがない。その〝守〟が一番大事な基礎、基本であり、それは人生にたとえるなら、道徳である。すなわち剣道家というのはこれまで述べてきたような道を勉強するのに最も大切な道徳観、言い換えれば〝剣徳〟を備えていないのと同じである。自分に剣道を教え、導いてくれた最初の人を粗末にするということは剣の道、要するに人間の道を粗末にしていると言えなくもない……。そういうことが失われて、何が剣道かと私は思うのである。

だから上に立つ人は、そういうことに気をつけさせて欲しいし、あるいはそういうものではないと撥ねつけて欲しいと思う。

「あなたはその先生にもう一度基本を教わりなさい。それによって私は援助はします。だけれどもあなたは私の弟子ではありません」とはっきり言わない。昨日から来たって弟子である。ひどい時には、「君はなかなか素質がある。明日から来なさい」と他人の弟子まで盗んでしまう。誰が育てたという責任など全く感じない人もいるようだ。

にわか弟子やにわか師匠では、勝てば喜んでくれるだろう。しかし本当の両者の間柄はそんな浅いものではないと思う。自分の性格から生い立ちまですべて把握し、ある意味で親がわりのように育ててくれたというのが真の師弟の道ではないだろうか。だから先生方も集まってくるものをうかつに弟子風にとってはいけないのである。

我々教育者にとっては厳しい言い方だが、弟子と生徒は違う。生徒の中から弟子が生まれるかも知れないが、ややもすると生徒がイコール弟子だと思っている人がいる。この点で特に剣道の指導者は恐ろしい考え違いをしている。本当に自分の人柄、あるいは剣道観というものに憧れてきたのか……。そうではなくて学校に憧れてきたのかも知れないし、仕方がなく来たのかも知れない。そういうことを我々は見誤ってはならないと思う。ただし生徒を弟子に変える努力は大切なことである。

繰り返しになるが、弟子の方も「3年遅れてもいいから」立派な先生を見つけて、その教えを大事に守っていくことが大事である。ところがうちの先生は七段で、今度の先生は八段だから、こっちの先生にお願いしますと。すなわち利害関係でしか師の選択をとらえていない。あるいはあの道場へ行っても全然、試合に勝てない。が、こっちの道場は強くなるらしいからそれじゃ……という例が多いようである。つまるところ試合の勝ち方を上手に教える方に魅力を感じているわけである。

その意味では本当の専門家というのは試合の勝たせ方が下手だ。何故かというと、基本の心にこだわるし、将来伸びる剣道を目指すからであろう。表現は適切ではないかも知れないが、むしろ三、四段の町のおじさんが教えた方が試合は強くなる。素人というのは何をして勝たせたらよいかということだけを見ているからであろう。それは将来を考えた指導ではない。

悪く言えば、今あるものをとにかく売ってしまえばいい。売ってしまって次にどうするかということまでは考えていないのである。

だから本当の指導者（＝教育者）というのは、少年剣道で言えば、この子が何十年か先になった時にこういう剣道になって欲しいなと思って指導する……。それが真の教育であろう。その時点で完成させるのではなく、ある程度、将来に可能性を残させた指導、これは難しい。細かくまとめてもいけないし、ボヤーッとふやけてもいけない。

たとえば、今、この子は小学生だけれども、やがて中学生になった時に、こういう面は次の先生に教わって欲しい。だからこの年代で大事なところだけはしっかり教えておく。そして中学生になったら、その中学校の先生に「私は彼にこういうところを指導し、そうしてこういうところを今、課題として残しています」すると「はい、分かりました。預かりましょう」とこうなるべきなのである。それが教育ではないだろうか……。昔は遊学や進学する弟子に対して、紹介の手紙を師匠は持たせたという。

剣道には魅力が沢山ある。試合に勝つこともその中の一つであろう。しかしそれだけではない。剣道には〝剣徳〟という教えがあるのだから、それを考えて取り組まなければ、他の沢山ある魅力は生まれてこないのではないだろうか。

今、高校生が高校時代、試合に勝て勝ての方式でついに試合専門サイボーグになれずに、心をすり減らして剣道の魅力を失ない、大学へ入っても大多数は取り組んでいないのが現状である。いわゆる自分を試合からしか見ていないため、剣道を間違えて見限ってしまい「剣道ごちそうさま」と言うのは、剣道の将来にとっても危いことである。やがてそれは何十年も経てば定着していき、高校で剣道は終わりですというふうになってくるかも知れない。誤った実力の限界を感じて引退という言葉が剣道界にも蔓延する時代がくるかも知れない。

逆に外国人が20代、30代から日本の文化に目覚めて剣道を始めていく……。一体、どうなっているのだろうということになってしまう。外国人は日本の文化に憧れてのイコール剣道観であり、当の日本人は試合に勝ちたくてイコール剣道なのである。この相違は恐しいことだ。

剣道そのもののせいなのか、それとも学校の教育がそうなのか……。中・高校時代に勉強と両立させながら一所懸命に取り組んできて、さて、大学に入った。世間でよく言われるところの大学イコール自由奔放、遊ぶところだというのがもし本当なら思う存分、剣道ができるはずなのに、もうごちそうさまと……。結局、インターハイなどで活躍したものだけがクラブに入って大会に出ている状況である。今は厳しいことはもう沢山、できれば回避したいという風潮が確かにあるかも知れないが、それでは高校の先生方は一体、何を教えておられるのだろうかと思う。ただ単に勝負の厳しさだけを植えつけているのか……。本当の剣道の良さを教えられていないのではないかと思う。この状況は剣道の危機感を象徴している。

そういう意味では指導者にも夢がないというのか、京都大会にも高校の先生方は少数しか来られない。もし京都大会がいいとすれば、行って観て、我々もあの先生のような剣道をしなければならない。だから今の高校生があのような剣道につながっていくには、どういうルート（道）をつくっていったら良いのか分かるはずだ。どこかの有力な高校に多数集まって徹底した数の試合を練習してもいいけれど……。教師の研修も大いに必要な時代になったと言えるだろう。

ところが途中の道路標識というのか道しるべがない。究極というものがあるかどうかは分からない。が、しかし、いいものを見ないから分からないのと同時に、その自らが進んでいく過程も見えないから将来に結びついた指導もできないということではないだろうか。

10年先、あるいは20年先を見越した指導をする、そういうことを先生方にも分かっていただきたいと思うし、剣道とはそんな単純なものではなく、夢のある生涯剣道であるということを一般の人にも理解していただきたいと願っている。

道の継承

〝師弟の道〟ということに関してはもう一つ、師の立場からすると、後進に道を譲る時期というのもまた、道を形成するうえで大事なことだと思う。我々が後進に道を譲る時というのは、世間一般の考え方として定年退職がその時と思い込んでいる。ところがそれは譲ったのではない。いやいやながら譲らされたのである。

逆にサッカーやプロ野球の監督などの場合は、負けが込んでくるとクビである。すなわち勝利至上主義だからであり、そこには剣道でいうところの〝道〟というのは存在しない。それはプロ野球を目標とした高校・大学の野球部しかりで、純粋な精神野球ではない。これも負けたら即クビで、しょっちゅう監督がかわっているのが現状である。ただただ勝つことのみに終始し、自らをアピールする……。スクイズをした、あるいは隠し玉をしたから道に外れているなどとは全く言われない。悪く言えば、ルールぎりぎりの反則まがいの技術を使ってでも勝つということである。

考えようによっては、それだけ勝負に固執するということは指導者にとっても厳しい条件下に置かれていると言えなくもない。その意味で剣道とは本質的に違うはずだが、昨今では剣道もそれと似たようなことがなきにしもあらずである。

たとえばあと3年後に定年を迎える。だから今から後進に道を譲っておいて、自分が急にいなくなっても十分にその精神を継承していけるだろうという譲り方……、そういうことが今では少なくなってきているのではないだろうか。最後の最後まで喰い下って恩恵に浴しようというものばかりが目につく。さらに定年後の民間への天下りの現状もしかり……。

するとこういう問題がよく持ち上ってくる。これは極端な例かもしれないが、学校に置き換えた話をすると、将来を嘱望された一人の素質に恵まれて選手がいた。ちょうどその選手が3年生になった時、退任となったトップがいたとする。するとナンバー2からトップに躍り出た人間は、その選手を前任者の道に沿って大事に育てていこうとはしない。むしろ「あいつは前の主任教授の息のかかった奴だ。俺は今までずっと貧乏クジを引いていたんだから、思い知らせてやる」と、こうである。すなわち今は前任者の道を継承してさらに教え導いてやるというのではなく、逆に確執を生み出している状況なのである。医学の道にも会社にも似た事が日常茶飯事に起きているのもまた事実である。

特に大学では会社と違い、一度主任教官になったら退官までどんなに悪い指導や教育でもクビにはならないし、出来ない世界である。だから教育者は常に勉強を怠ってはいけないのである。

以上述べたような理由で、トップに立つ人間がいつまでもその権威を引っ張っていては、後進は育たない。若い人達にチャンスを与えようというのではなく、自分の牙城を何とかして守り切ろうとしているのである。それがその人の人間的なスケールの大きさというのか、今、剣道家に最も足りないところではないだろうか。後進に監督を決して譲らない現実……。

そういった後進に道を譲る難しさ、それが現在の剣道界ではうまく循環していないようである。

また一方では、若い人達が希望を持たなくなったという事実もある。私は今、40代で東京学連剣友連合会の理事をやっているが、次の後輩に譲ろうという時に、その後輩が見当たらない。稽古に誘っても来ないのである。すなわちおいしそうな食べ物だったら、すぐに飛びつくけれども、後輩たちも何年かの下積みを経験して……ということが苦手なのであろう。

剣道では引き立て稽古が大事であると言われている。すなわち自分がいかに引き立て稽古を心懸けて自分も学びまた後進を育てるかということ……。剣道というものの本質はまず打つ機会をつくること、言い換えれば、打つ機会を与えてやるということである。その意味で打つことばかり、また勝つことばかり考えた指導者の下では後進は育ちにくいのではないかと思う。

〝名人のあとに名人なし〟と言われるのは、名人の言うことが理解できなかったとか、いろいろと説はあるようだが、ある意味では名人が引き立て稽古ができなかったからではないか、と最近ふと考えるようになっている。すなわち〝名選手必ずしも名監督にあらず〟である。

名人は名人であって下積みから努力して這い上がってきた人ばかりではない。自分が努力して作り上げたものであれば、それは後進に導くことは可能であろう。が、生まれながらの先天的な素質、勘というのは人に教えることはなかなかできないものである。

今、そうした引き立て稽古が見失われつつあるせいか、将来性があり体格も良く、素質ある人を育てていくというのも逆に非常に難しい状況である。指導を間違えると、その素質に甘んじてしまうというのだろうか。そういった人たちに限って面打ちにしても右45度から、あるいは左45度から相手の剣先である中心をさけて飛んでくる剣道で一見豪快さはあるが、肝心のまん中がない。結局、技が千変万化になっている……。素質の端っこで剣道をやっているのである。あの枝もこの枝も切っていい枝であり、剪定されていないのである。

私などからすれば、そういった素質のある人を見つけるにつけ、うらやましいなぁと思う反面、〝宝の持ち腐れ〟という感じもして〝天は二物を与えず〟とはよく言ったもので、だから私達小柄な者も努力次第では対等にいけるんだと密かに感じたりもしている。

結局、その剪定をしてくれる師がいるかどうかによって、その人の進む道の方向というのは大きく違ってくるものなのである。もし師がいなければ糸の切れた凧で、誤ったことに対して、益々、自信過剰となり傲慢になってくる。すると一旦、壁にぶつかると、その壁をなかなか突き破ることができない。いわゆる伸び悩みという現象が起ってくる。私も若い頃は勝てばいいという気持ちでやってきた。だけれども師である父がいたおかげで自信ばかりが先走りしていたが、礼儀作法だけは粗末にしなかった。それが剣道だと教わってきたからである。そしてある程度、剣道が変わったなと言われたのは、やはり自分の身体を痛めてからだ。結局、現実の自分の姿を素直に認めざるを得なかったわけで、これはとても辛いことである。だから人間というのはどうもそういうどん底に突き落とされる機会が一度はないとダメなのであろうか。さらに大きく成長していくには、当然の試練なのかもしれない。

故・佐藤卯吉先生（範士九段）もその点について次のように述べられている。

◉

人間六十歳は、人生において一つの区切りの時期であると言ってよい。ある意味では、人生いちおうの決算期にたとえることができる。

還暦を迎えてはたして黒字が出るか、赤字が出るかは、それまで生き抜いてきた人間としての営みのあり方いかんの結論でもある。いずれにしても六十歳は、人生一つの締めくくりの時期であることには間違いない。

この決算期で収支を整理して、人生後半期に対する新しい予算を組んで、つぎの活動を始めなければならない。思うに初老を過ぎて六十歳ともなれば、老人の部類にはいると言ってよい。人間の一生でむつかしいのは、年をとってからの生活態度である。人生の味をしみじみと感ずるのは、六十歳過ぎてからである。ほんとうの人生は六十歳からだよと言ってよい。

若い頃は若さがある。身体も健康で気力も旺盛である。それ故に少々の苦労や困難は、なんとか切り抜け、押し切っていくことができる。しかし年を取るにしたがって頼む若さはしだいに衰えて思うにまかせなくなる。また若いときならば少しくらいの誤りや失敗があったとしても、若気のいたりであるとか、若いからむりもないとかいった理由で、世間はいちおう許してくれることもあるだろう。それは若いから将来性があり、何らか役に立つだけのものを持っているからである。また当人としても、未だ少々の誤りや失敗は取り返す可能性がある。

しかし年を取るにつれて、顔かたちも醜くなり、風采も上がらず、からだは利かなくなる。そんな年配になってからの間違いや誤りに対しては、誰も同情もしないし許してもくれない。むしろ場合によっては、厳しく責任を問われるだけであろう。故にそんな老人になった場合でも、どうしたら美しくまた清らかに立派に生きていくことができるかということを、前もってよく考えて、それに備えておかなければならない。

しかし、多くの人々は年を取るにしたがって、頑固になりがちで、周囲の人の忠言にも耳を傾けることがなくなりがちであって、自己の力に頼むこと強く、自分はまだそれほど老いていないと思いがちである。すべての人は、すなおに自分の衰えを自覚することはなかなかむつかしいものらしい。いつまでも元気な自分が続いているものと思いがちで、まだ若い人達に引けをとらぬと自負してふるまいがちであって、かえって周囲の人たちから顰蹙《ひんしゅく》を買うことになりがちである。

老齢ともなれば、誰でも体力も精神力もしだいに衰えていくのは当然であり、自分の老い衰えを自ら認めざるをえないことは、まことに淋しくもつらいことであるが、それはすべての人のたどらねばならない人生、自然の経過であり天命ともいうべきものである。

わが剣道の場合においても、青壮年の頃元気で活躍した人ほど、さかんであった昔の自分を思って、いつまでもその頃の自分の力量があるものと自分を過信しがちである。

剣道は他の運動種目にくらべて、老齢になってもながくこれを行なうことができるが、それだけによく己れを顧みて、現在の力量を的確に評価して誤らないように心掛けなければならない。

そうでないとひとりよがりになり、周囲の人達からの笑いものとなり、恥ずかしい思いをしなければならない。「己れを知れ」という古語に耳を傾けなければならない。

誰でも若い元気な時代には、それぞれ相当な働きをして、一度はいわゆる人生の輝かしい花を咲かせた経験があるはずである。しかしその花たるや、いつまでも咲き続けるものではあるまい。花には限られた時期がある。もし年老いてなお若い頃のような花が未だ咲き続けていると思っているならば、それはとんだ間違いである。

花は季節が過ぐれば散り行くものである。人生の花も同じで、若いときの大きな花はいつまでも、またそんなにたびたび咲き出るものではない。

故に花を咲かせうるときには、できるだけ美しい大きな花を咲かすべく努力しなければならない。すでに自分の花が咲き終わったならば、つぎには後から続く後継者である人達が、美しい大きな花を咲かせうるよう援け導いてやるように心掛けなければならない。若い人達を先に立て励まし助けて、引き上げてやる奥床しい態度が望ましい。

年を取ってすでに自分の花は散っていることに気づかず、いつまでもお山の大将気取りで、若い人達の上に立っていばっているのは感心しない。やがて人心ははなれて、周囲の人達から顧みられなくなるであろう。

なるほど老人はながい人生を生き抜いてきているので、たしかに経験は豊富であろう。しかし激変しつつある時勢の動きを敏感にとらえうる感覚は、若い人達には及ばないであろう。彼らの時勢に敏感なる感覚を重んじ、老人の経験をもって若い人達を援けて押し進めてやるだけの雅量のあることが望ましい。若い人達を舞台の主役として大いに活躍させて、老人は一歩退いてその後見役あるいは脇役たるだけの勇気を持つことが大切である。

（『永遠なる剣道』――〝老人の立場〟より）

◉

これは老人に限らずとも、その立場、立場、あるいは年代に応じて後輩を登用し、育てていくということは非常に大事なことである。同時に後輩も先輩のそれを心意気に感じて努力していかなければならないということではないだろうか。

神仏の尊重

道を学ぶということは人生の道を学ぶということである。佐藤卯吉先生は、先にも紹介した「わが師の思い出」の中で、

「窮境の剣道に達するのは宗教の研究が、むしろ神や仏に奉仕する態度として剣道を行ずるというのが現在のわが心境である。自己を無にして神と一つになりえた剣道、自然と一体となりえた剣道に到達したいと祈って修行に精進している」(『永遠なる剣道』より)と述べられている。この佐藤先生などのような立派な先生方に共通した人生哲学というのは、神や仏に近づこうとされているところである。

そこで考えてみると、昔と今の道場を比べてみて何が一番違うかというと、この神仏の有無ではないだろうか。とくに公共の道場などでは、神仏(神棚)をとっぱらって剣道といっているから、何の夢も道もないのである。ところが神仏というのは宗教だから一宗一派にかたよってはいけない、思想は自由であり、そういう教育をしてはいけないと戦後なったんだという話が先に出てしまう……。表面的なものにとらわれ過ぎているのである。

剣道が殺伐とした戦いから、心の問題にまで至ったということを最も代表して教え導いたのは神

仏である。すなわち神の心に近づいてその心を相手にも向けなさいと教えたのであり、それが礼法である。その礼法というのを下の者から上の者にとっておけばもう安心している……。剣道家の場合はその典型ではないだろうか。礼は相手に対して敬意を払うというだけでなく、自分自身が謙虚な心を養うためにもあるということが忘れられているのである。

それが最終的には佐藤先生の言われる〝思いやり〟すなわち〝愛の剣道〟ということに到達するのではないだろうか。

言い換えれば、礼儀というものの本質を考えていく時、行きつくところは宗教……。ところが宗教というと神や仏だから、それはタブーだという。タブーなわけだから剣道は進まない、昔に戻れない……。だから非常に味けない剣道をやっているわけである。剣道家は今、一番怖れて近づかないというのか、それから避けろよというのはそういうことなのである。

剣道家は神道、仏教だけ認めて、キリスト教やイスラム教は認めないといっているわけではない。それぞれの分野で剣道というのはあくまでも手段の一つである。そんなに高くもなければ低くもない。剣道というのは一般的に、良い内容をもった、運動的にも素晴らしく、老若男女ができる種目であり、人間的にも立派になるということを謳い文句にしているわけだから、誤った宗教観にこだわらず大いに取り組んでもらっていいのである。

日本では遠い昔から、水の神、火の神、木の神、山の神……など、万物が神々であるとした「八百万《やおよろず》の神」、それらの神々と共に我々は生活しているのだからすべてに感謝しなければならないという教えがあった。日本が〝神の国〟と言われる所以はそこにある。たとえば火は生活になくてはならないものだが、そこには火の神様がいて我々はその恩恵を受けている。だからそれを粗末に扱うと恐ろしい目に遭う……。すなわちそういう精神でもって剣道にも取り組んでいくということである。そして最終的にその精神というのはまさにすべての宗教に結びついていくということではないだろうか。それを一宗一派にかたよっているというのは、何か勘違いしているのではないかなという気がする。

我が国で建物に「道場」という言葉を使ったのは仏教と言われている。禅宗では座禅の修行をする場所を道場といい、後に武道が盛んになるにつれて武道家達の修錬する場所を同じく道場というようになったと聞いている。我々の先人である武道家は賢明だった。人間修行する手段を剣に求めて「道場」という言葉を仏教からいただいたわけである。

すなわち剣道と他のスポーツと歴然と違うところといったら、やはりその道場に見出されてくるわけである。子供達が体育館に入る時は、誰もいないと見ると、土足で上がってしまう……。ところが道場に入る時は、一瞬何だろうという緊張感を感じ、雰囲気が違うなっていう顔をするものだ。分り易く言えば、そう感じさせるのが道場の道場たる所以なのである。西行法師が伊勢神宮のほとりに立った時の「何さまのおわしますかは知らねども、もったいなさに涙こぼるる」、この心が日本人の尊い教えなのである。「神殿と道場」こそ、かつての日本人が神と仏の力を借りて名称をいただき修行しようとした証なのだ。だからその道場から神聖なものを取り去ったらもぬけの殻になって、剣道が剣道でなくなってしまう。それではスポーツと同じである。かつての原始的な剣術へと後退するのである。

そうなってしまうと、防具もいずれはアメリカンフットボールみたいなそれこそ宇宙服のような新しいものが考案されてくるであろう。もっと楽しくするにはと言って、三次元的なものをデザインして作ろうと思えば作れるものだ。そして当たればパッと電気がつくような趣向をさらに凝らしていけば、それをやる競技人口というのはおそらく一次的には増えるであろう。しかしそれではストレス解消はできても心を洗うようなものは残らない。道として修行、自分自身を高めていくという修行はできないのではないか。

かつてある高名な剣道教授に、武道学会発表時に「そんなに堅苦しく剣道を教えたら、みんな止めて来なくなるよ。もっとスポーツ的に楽しく教えなければ……」と注意された経験があるが、何か楽しさという点で誤解されている節があるように感じる。

「神を祭り神に仕え、神の心を自分の心として、世道人心を正していく」というのが、我々が剣道を取り組んでいく上で教えられた神に対する考え方である。だから神棚は置いてはいるけれども、祭ってないというういいかげんなことをしてはいけない。立派な神様の下で剣道に取り組みなさいというのであるから……。どこまで自分自身を高められるかということを目標にすると同時に、謙虚にして人々に剣道の良さを広めていく。それが武道であって、外国人がいうところの神秘性ではないだろうか。

私は昭和62、63年とフランス、ベルギーに指導に行ってきた。するとくにベルギー人はまさに大木という言葉がふさわしいくらい、みんな身体の大きな人ばかりだった。そしてそこで指導している剣道家はその人達に真上から丸たん棒で頭がへこむように打ち下せという打ち方をある日本の剣道家が指導し、それを信じてこの国の剣道家達は後進を教えている……。そんなところへ私みたいに身体の小さな者が乗り込んだわけである。

そして稽古をしてみると、私にスルスルと間合を盗まれて、パンパンとやられるものだから、「これは一体どうしたことだ、えい、何くそ！」と躍起になってかかっていくと、またスルッと捌かれてパンと打たれてしまう。しかし打たれて気持ちがいい……。稽古後、そのベルギー剣道家達は一様に、「剣道というものは痛くて辛いものだとばかり思っていた。今までしっかり打てと言われていたからそうしていたが、剣道というのは打たれて気持ちいいものと初めて分かりました」と言うので「本当は辛いものなんだ」と私が答えると、「だけれども先生と稽古をしたら楽しかった。打たれて感心しました。なんとなく剣道が分ったような気がします」と話していた。

コテンパンにやられて楽しい、その面白さを知った……。普通の発想とは逆だから、「エッ!?」と思われがちだが、それがまた剣道の奥深いところでもあるといえるだろう。しかし今はその楽しい、面白いという見方、考え方が簡略的なのである。やがて剣道も道の探究とか徹底した修行になってくると、今度は釈迦やイエス・キリストやマホメットのように命をかけた究極を求めた修行になってくる。それは厳しいものになってくる。並大抵の努力では努まらない。

しかしそこに至るまでの剣道というのは、ある意味では神秘性があって、魅力があって、彼らが言うように楽しくなければならない。その楽しさというものが、打たれて初めて分かるというものでなければならないのではないだろうか。そこが他のスポーツとは大きく違う点でもある。今の日本人に「負けて楽しい」などと話したら誰も信じてくれないだろう。まさに「負け犬の遠吠えさ」でかたづけられてしまうのが落ちである。

私の指導理念は〝打ち上手打たれ上手〟である。剣道は己との戦いであり、さんざん考え、迷ったあげく、「今だ！」と決断して打ち込むのだから、そこを逆に打たれたり外されたら負け。すなわち打たれる時は見事に打たれ、抵抗はしない。正しい自分の目指すところのありのままの剣道を表現する……。途中で打ちながら危いからやめるという考え方ではない。だからこそ迂闊に打ってはダメだと言われる所以はそこなのである。打つならしっかり打ち切りなさい。それが〝打ち上手打たれ上手〟ということである。

剣道というのは不思議なもので、基本に正しく立派になればなる程、また以前にも増してコテンパンに打たれるものだ。いや、打たれなければおかしい。もがき苦しんでなんとしても打たれないような剣道ではダメなのである。

また剣道というのは、結局のところ相手がいなければ始まらない……。その相手になってくれて、そしてパンと打たれたということは、自分の弱いところを教えてくれたということである。あるいは自分の良いところをパンと打たせてくれたという気持ちがあれば争いは起こらない。すなわち神に対する感謝の気持ちを相手にも及ぼすという考えで剣道に取り組めば、「このやろう、俺をさんざん打ちやがって、打ち返してやるからな」という感情的な気持ちは起こらないはずだ。お互いに生身の身体を打たせてくれるのである。感謝せずにはおれないというのが先人の考え方なのである。

剣道というのは先にも述べたように人の道を学ぶべきものである。そういう意味でお互いの心が通い合った上で、修行するということは非常に大事なことだと思うのである。

第四章　真の「国際化」への道

昨今では、剣道の「国際化」という声がかまびすしいようである。ところがたまたま、ソウルで行なわれた第7回世界選手権大会（1988年）のビデオを拝見してみると、剣道は我々の知らないところでその本来の〝道〟から大きく逸脱し、脇道へ脇道へと一人歩きしているような気がする。当の日本の剣道が「軍鶏《シャモ》の喧嘩」みたいに騒々しい遣いっぷりで、芸道の世界には程遠い内容だったことからすると、それは推して知るべしである。

日本人は嘘つき⁉

日本の無形文化である剣道を異民族の人に正しく理解させることは確かに容易ではないであろう。ならば視点を変えて、外国人は日本の剣道に何を求めているのか……。まずそれを探ってみれば良いわけである。

ところが剣道家はややもすると「剣道は良いものだから、やっているうちに分かるんだ」と一方的に、しかも短絡的に物事を捉えてしまう。しかし言えば分かる面とそうでない面がある。たとえば〝師弟の道〟に関することなど、正しく理解しなければ、剣道は続けられるものではない。要するにそれを「国際化」という場面に置き換えてみても、やはり師を持たなければ、剣道が途中でしり切れとんぼになってしまうからである。が、現状はというと、去年はこの先生に教わったが、今年また違う先生から教わった……。それでは剣道がバラバラになってしまう。結局、よくよく考えてみると、そういう状況を生み出しているのは日本人自身なのである。

その意味で剣道家は外国にも行くべきだと思うし、外国人の考え方もしっかりと聞かなければならない。言葉が通じないから一方通行で、勝手にしゃべって「去年、来られた先生の言うことと違うが……」と聞かれると、「誰がどういったか知らないけど、俺が正しいんだ。分かったか！」と言って帰って来たって何の役にも立たない。それで「国際化」と言っているのである。なんとなく国内での伝達講習会に似ている気がする。

そんな入れ替わり、立ち替わり来る日本人に対し、外国人は最初のうち、「日本人は違うことを言う」と言い、そのうちに「日本人は嘘を言う」になる。だから前に来た人達が次々に嘘つきになってしまい、当の外国人たちは「我々はこの1年間、間違ったことをやったのか……」となる。

そうではなくて「あなたの前回の腕前と現在の腕前、前回の初段時と弐段時の技や形は当然、進歩している。それにより進んだ指導が成されており、それをあなたは気がつかずに違うと感じているのです。技術と精神が進化しなければ真の武道ではないのです」だから「それはこういう意味で元を正せば同じ意味です。段階が違うのだから、今度はこんな形で進むんですよ」ときちんと説明すれば分かることだと思うのだが、次々に派遣される剣道家同士に指導理念や意志の疎通がもたれていないので、こんなひどい誤解が生じているのであろう。その意味で剣道家は自尊心が強過ぎるというのか、負けず嫌いというのか、頑《かたくな》に自分の意見を押し通そうとする……。だけれども本質的に誤った指導が成されているのも事実である。

たとえば〝師弟の道〟の項で述べたように、私は一昨年、昨年とベルギー、フランスに指導に行って来たが、そこで指導している方は「真上から力一杯、丸たん棒で相手の頭がへこむように打ち下せ」という指導をしている。あるいは日本の指導者で「外国人にはわざとでも打たせるな。わざとでも打たせたら『俺は勝った』と言うからな」と思い込んで指導に当たっている方もいらっしゃるようだ。それでは「指導の心は引き立て稽古にあり」とした先人の教え、弟子に打たれて愛を感じる等々の〝愛の剣道〟を実践する事は不可能であろう。そこに「師弟の道」は生まれて来ないのは当然である。

本当の力をもってすれば、打たせたってたまに当たったたって、そのほとんどを制されていればこの人には勝てっこないということくらい分かるものだ。すなわちこのことは競技本位の指導しか成されていないということでもあるわけである。本当の意味での道としての指導が成されていない……。彼らの本当に求めている道や指導というのはそんな単純なものではないはずだ。結局、我々は外国人をまるっきり誤解してしまっているわけである。

日本人はとかく欧米人には敬意を払い、東南アジアやアフリカだと軽んずる傾向があるようだ。

私の講義（百八十名）する留学生（二十名）は実に熱心で最前列は彼らに独占されており、欧米人に日本人の印象を聞くと「シャイで親切だ」と述べるが、アジア人に聞くと「横柄で不親切」だと話す。これなど全く日本人の両極端な人間性を見事に表現しており、私などは大いに反省している。しかし教室は「アジアの留学生に熱意の点では占領状態」にあり、日本青年の将来に危惧の念を抱いている。すなわち日本の良さを普及するならば相手の良さをも理解しなければダメだということである。教える外国人の文化や特性をも知らなければ、指導は一方通行になりがちなのである。

〝侍〟日本人に感じた魅力

そういうことをふまえた上で、外国人は日本の剣道に何を求めているのか考えてみると、日本の文化に目覚めているのである。最初に剣道に目覚めたのではない。剣道は武芸十八般と言われたその表芸の中の一つとしてそれが主流となって生き残ってきたものである。

そうではなくて、私が指導に行ったフランス、ベルギーの人達に聞いてみると、中世ヨーロッパで発達した騎士道を日本の文化の一翼をになう武道（武士道）に求めているのである。だから知り合いのドイツ人に聞いても「スポーツ剣道、ごちそうさま」と言っている。また外国人は「オリンピック種目に剣道なんて全くナンセンス」とこぞって主張する。そこのところを剣道家は考えてみる必要があるのではないだろうか。「悪いけどスポーツという感覚でとらえるならば、我々の方が先輩だ。が、我々には肝心の騎士道の精神がはるか昔に滅び去った。しかし日本には武士道がある」と。

日本の歴史の中でその文化、伝統を脈脈と築き上げてきた一大勢力は侍である。侍は今でいうボディーガード、すなわち御家人から発生し、貴族にとって替って鎌倉に幕府を築いた。それから江戸時代に至るまで、武士はその文化の頂点に立ち、そこに神社、仏閣に城という建築物が完成し、刀、鎧、紋付袴、あるいは祭り事に使われる器など衣食住、調度品などあらゆるものが武士の感性の求めるところにより芸術品として高まってきたわけである。つまり武士という高度な文明をもった一つの階級が町人を通して文化を育てていったわけだ。

町人は大いに発憤し、職人は心意気に燃え、後世に残る文化遺産を営々と築き上げて、それが現在の世界の人々の注目の的となっている訳である。侍イコール政治家でもあった訳だが、ここ百年来の世界の日本が作り上げた文化は一体、何が有るのであろうか。建物にしてもたかだか東京タワー位のものだと皮肉った知識人がいたが、まさにその通りで、後世に残る文化遺産等の大いなる発想が今の政治家にも欠けているような気がする。奈良や京都は異文化の民族が造った遺産ではないのかと言った外国の学者もいるほどである。侍はロマンもあったわけだ。

外国人たちはその侍にほれているのである。だから我々に対して侍というイメージを持ち続け、今でも日本人は刀をさして歩いているのかなんて聞く外国人は沢山いるそうだ。アメリカでも西部の方へ行けば、今でも丁髷か⁉ と尋ねられるくらいだという。それほど時代錯誤というのは激しい。確かNHKの「世界の教科書」という番組だったか、ある国の教科書には、未だ刀に丁髷を結った侍が日本の代表だっていう説明が成されているそうだからおかしな話である。

だからそういうものの歴史から正しく教えずして、「国際化」などあり得ないのではないだろうか。剣道人口をいくら増やしたって、そんなものはしり切れトンボ、そして先に述べたようにいくら指導員を派遣したって、入れ替わり、立ち替わりではこれもまたしり切れトンボで終わってしまうものである。派遣指導者に指導方針の大黒柱を示して派遣するべきである。

本当の意味での「国際化」とは……

もし「国際化」を図るならば、まず第一に若い先生を根づかせて指導していかなければならないであろう。それも少なくとも10年以上はその国に根づかせなければ、本当の意味での「国際化」は図れないと思う。ところがそれはほとんどの場合、卒業生で暇な者、職がない者はいませんかとか、家庭が裕福で一年くらい留学してもいい人はいませんかと、こうである。そんな片手間に教えようとする姿勢では、外国人に対して失礼である。やはり行くからには強い意志を持ち、それ専門の学校を出て、そういう国際ルートを我々がつくってやらなければならないのではないか。そのための国際剣道連盟（ＩＫＦ）だと思う。

こんな話がある。ある大学の先生が「全剣連から推せんされて、ある国へ指導に行ったけれど、散々だった」と愚痴をこぼしていた。というのは「推せんされて行ったはいいが、あちらの剣連の体制も整っておらず、ただ推せんされたというだけでその後２ヶ月あまり何の音沙汰もなくほったらかされたままだった……」

全剣連派遣ということで意気揚々と出掛けたが、たとえば給料は向こうで奉仕などを集めて細々としか出してくれない。はっきり言って10万円以下の額である。要するに学校の先生だから、海外留学という名目で給料は大学からもらっている。それプラスアルファだから何とか生活はできるだろう。だから大学の短期留学制度を利用する先生か、警察の指導者が本俸プラス現地の剣道の実は8万円也というのが現状なのである。そんな感覚で派遣しているようだ。それで我慢しろというのでは観光旅行気分で行く人を除いては根づいていくものではない。ところが実際には旅費は自弁、滞在費は向こう持ち、これなら安くて観光が出来るというのが実状なのである。

だから派遣者というのは名ばかりで、履歴書を書く時、全剣連派遣として何年間、どこどこに行ったというのは、一つのネームバリューにはなるが、その内容たるものは非常におそまつなのである。

その点では柔道家はたくましいと言っても過言ではないだろう。だからこそ海外に根づいていったわけである。たとえば東京オリンピックの無差別級で優勝したヘーシンク（オランダ）を指導した日本の松本先生は、「日本は必ず敗れるぞ」という警告を発していた。ところが当の日本人は「どんな受け方でも倒せば寝技なら勝てるよ」と自分たちの安泰なことに胡座をかき、その言葉には全く耳を傾けなかったそうだ。ところがヘーシンクはアマレスの出身だから寝技はお手のものである。

事実、柔道は東京オリンピック（S39年）で正式種目として取り入れられたが、その真の世界一を決める無差別級決勝で神永昭夫選手を左袈裟固めに押さえ込んで見事な優勝を飾ったわけである。

その時の感動の場面が〝文藝春秋社〟スポーツ昭和史『ヘーシンクが日本を押え込んだ日』に次のように述べられている。

◉

暫時休憩をとって、午後三時四〇分、無差別級の決勝が始まった。

ヘーシンクはここまでくるのに三試合、それも予選リーグの神永と六分フルに戦っただけで、あとの二試合は七秒、十二秒と問題にならなかった。

館内をゆるがす大声援が神永に送られた。

「私の最も恐れた敵は、神永ではなく、この一万五千人の声援だった。このプレッシャーをはね返さなければ私は勝てない。そう思った」

とヘーシンクは言う。

神永、例のごとく左自然体。ヘーシンクは両前襟をとる姿勢で始まった。静かなすべり出しだが、息をのむような緊張感が伝わる。

二分過ぎ、中央に戻ったヘーシンクは両手を大きく天井に上げた。

「予選では攻めた。決勝では神永が攻めてくる。私はそれを返せばいい。さあ、こいの心境だ」

ヘーシンクはじっくりと待つ。機をみて、ささえつり込み足を強く、あるいは弱く、つぎつぎと放っていく。それを外した神永は、固め技で攻めるが、場外へ逃げられる。

松本は言う。

「あれほど作戦を考え、ヘーシンクを研究してきても、神永はヘーシンクの待っているところへと動いてしまう。今でも三つほど覚えとる。それは神永が悪いのではなく、ヘーシンクがそうさせるんだ。強い者はみんなそうだ」

5分、再びヘーシンクのささえつり込み足が飛んだ。神永は大きく横転した。ヘーシンクに絶好のチャンスが訪れた。崩横四方固めに入る。クニユキ（アメリカ）主審は、

「押え込み」

と宣告した。

「この寝技をほどく自信はありました。上から襲ってくる寝技には抗することができるものなんです。立ち上ると今度こそ積極的に攻めようと体落としに行きました」

神永の手数が多くなる。強引に攻めて出る。八分半ばすぎだ。神永は内股とも大内刈とも思える技をかけに、ヘーシンクのふところに入った。

ヘーシンクはこれを待っていたのだ。ふところの深いヘーシンクは、神永の技を不発にするや、返すように神永を倒した。

そして背後から執拗に寝技に誘いこみ、神永の自由を奪うと、左袈裟固めに押えた。

再びクニユキ主審の「押え込み」宣告がなされた。もう盤石であった。ヘーシンクは言う。

「無我夢中で、三十秒間何も考えられなかった」

「三十秒がこんなに短いものかと思った。ヘーシンクは本当に重たかった」と神永。

二人はそう述懐する。

午後三時五十分、館内に歓声が起きる。オランダの応援団が狂喜し、畳に駆け上ろうとする。この時、一万五千人の観客は、ヘーシンクとは何者かを観た。ヘーシンクは右手をかざした。畳に駆け上ろうとするオランダ役員を制したのだ。武道館に衝撃が走った。

「負けた」

と日本人の誰もが思った。正しい柔道を継承し、力や技だけでなくその心まで会得していた者は、ヘーシンクその人だと観客は知った。

日本柔道にとって、あまりにも長い九分二十二秒だった。また、あまりにも重たい三十秒だった。

◉

これはそういう礼儀作法を日本の松本先生という指導者がオランダにしっかりと根づいて教えていたからできることである。だから本当の意味での「国際化」の道を柔道は進んでいた。ただ本家の日本がそういう人達の警告を無視したということが、今の柔道の衰退の原因であろう。

その意味で剣道も「国際化」、「国際化」と合唱を繰り返し、参加国が急増した。人口が何千人増えたから良かったという頭数だけで判断するのは危険である。「国際化」とはそんな単純な問題ではない。すなわち日本文化の中の剣道という視点でとらえて教育しなければ、彼らの求める情熱に応える事は出来ないのである。それには我々がもう一度、日本文化を勉強し直さなければならないし、日本文化の中の剣道の位置付けと果たす役割をも十分把握して指導に当たらなければならないと思う。

そして本当の意味での「国際化」を図るならば、これまで述べてきたように、指導者の派遣に対しても、もっと真剣に考え、厚くもてなして、少なくとも10年くらいは外国でやる気になれるような環境作りからまず取り組まなければならないと思う。それには連盟はこの趣旨を広く財界にも理解を求め、財界人を説得し、「基金」を設立してやる位の覚悟がなければならないのではないだろうか。金は出すけど血と人の心と汗は惜しむ日本人の悪いイメージも、剣道の努力で取り去らなくてはならない。日本の文化と芸術の心で真の日本の心を示す時なのである。そして連盟の要人がまさに財界や社会に通用するか否かを決定する絶好の機会ともなるであろう。

一方、外国人に対しては、彼らが何を求めているのかということを我々日本人自身がもっとしっかり勉強しなければならない。ただ俺たちは強いんだから、剣道の技術的なことだけを教えればいいんだということではなくて、まず日本の文化から教え導いてやること。それがまず先決ではないだろうか。

だから私は外国での指導後、私をたより、求めて貯蓄をしてはるばる海を渡って道場へ来てくれた外国人には剣道だけでなく、居合道の実践、相撲も正式にまわしを締めてやらせたり、「能」や「歌舞伎」も鑑賞させたりしたものである。さらにそのやる気の程度を見て、奈良や鎌倉を案内したりして、日本の文化に浸った剣道を味わわせてもやった。私の所の部員も同じ問題の研究中だが、そうでないと彼らはすぐスポーツ剣道に失望してしまう。彼らは警視庁にも行き、各県警にも行き、各大学にも行き、それぞれ比較している。そして「どこどこの剣道は力とスピードだけでした」とか、「どこどこの道場には『神殿』が存在しないが、何故か」あるいは「『神殿』は在るが、何の礼式もなされなかったが、何の目的であの道場は剣道を修行しているのか」となかなかシビアな質問を浴びせてくるのである。彼らはしっかり体験をし、その中から正確に自分なりの目で評価している。本当によく知っている。感性もなかなか豊かなものを持っている。だから我々も迂闊なことは言えないし、迂闊な剣道をしてはならないと思うのである。

スポーツ剣道に意気消沈

日本の文化に目覚め、あらゆる武道の中から剣道を選択した外国人の人達が実際にそれに取り組んでみると、何だか最初のイメージと違うと言う。自分達が過去に年齢と体力に限界を感じ、挫折していった他のスポーツと何ら変わりないではないか……。

たとえば「欧州のフェンシングも勝負を電気仕かけで判定するようになって、伝統の良さは消え失せてしまった」と彼らは言っている。要するにあらゆる試合を観戦してワイワイガヤガヤの応援にがっかりして、剣道もただ単に勝ち負けだけを争うスポーツ、そして勝つためには手段を選ばずなんだということを実感するからである。

剣道イコール日本文化ではなく、剣道イコールスポーツ競技なのである。日本文化に目覚めるにはそれだけの学識がなければならない。その意味で剣道に取り組み始めた諸外国の人達はそれだけ精神論が高かったとも言える。しかし当の日本人がいいかげんな指導でお茶を濁しているわけである。日本人自身の勉強が足りない上に実行が伴なわないわけだから、いくら剣道は武道であると言ったところで、彼らの眼にその魅力は映らない。いや、むしろ今では日本人以上に勉強している一部の外国人に、我々が逆に教えてもらっている状況さえもある、といっても過言ではないであろう。日本の武道学会でさえ、滞在外国人教師に武道の歴史を教わっている現状である。

現在、剣道に取り組んでいる諸外国の人達を見ると、私の経験からすると申し訳ない言い方だが、素質的にもそれ程でなく、どちらかと言えば日本文化に目覚めた結果、中年になってから始めている人達である。あの人は外国でも一流のスポーツマンだという人ではない。だから日本人は今までのんびりした指導でお茶を濁していたわけである。

ところが各国が徐々に力を入れ始めた今次の世界選手権大会（ソウル）などはそのことの結果が覿面《てきめん》に表われた代表例となってしまった。韓国が急激に力をつけてきていると聞いて日本の最高の指導者までが「もたもたしていると韓国に負けるぞ！」と浮き足だったことが、それを証明している。

今回はそれでも何とか凌ぎ切り、七連覇を達成したようだが、上層部の人達までがいつまでもそんな勝敗にこだわった指導法だと、もし前述した外国のスポーツ界で一流と言われる人達が剣道に取り組み始めた時、体力とパワーばかりが一人歩きし、日本の剣道の将来は危うくなってしまう。

そのうちに剣道は彼らに取ってかわられルールも細かくなり、ケンドウというカタカナのスポーツになってしまうかも知れない（韓国では剣道と言わずクンドウと呼んでいる）。その意味で我々は柔道と同じ轍を踏んではならない。

結局、現在の剣道は芸道という感覚が全く失われてしまって、夢がなくなっているのである。すなわち他のスポーツと同様、力のある者、若い者のみがその頂点を制するということだ。我々にしても、若く体格のいい人と稽古、あるいは試合をやってもかなわないという既定事実が出来上ってしまいつつある。だから私の剣道は体格、体力、パワーの剣道を否定することから始まっているわけである。その常識を打ち破り、異彩を放つにはそうでなければならないと思う。

剣道は老若男女ができるという看板を出しているにもかかわらず、たとえばお母さん方が「今からできるでしょうか……」と尋ねてくるのだからおかしな話である。「他のスポーツ、たとえばテニスなどのようには走り回れません。でも剣道ならできると思いますからお願いします」というのが普通なのだが……。

ところが世界選手権大会の決勝、日本―韓国戦、いわゆるこれが世界一だと言われる試合を年を取ってから始めた人が観た場合、どう思うだろうか。おそらくスピード、パワー、若さ、さらに強引さばかりが眼に焼きつき、これはとてもやってられないと意気消沈してしまうであろう。結局、我々は若い人にも年取った人にも、初心者にも熟練者にも、また男性にも女性にも全く同じ剣道を教えているのである。だから剣道は高年齢までやっているからできると聞いたのに、実際にはとんでもなかったという話が生じてくるわけであろう。これもやはり、日本剣道の指導理念が言葉とはうらはらに形として世界選手権大会に現われ、世界の剣道人から失望された最大要因であろう。

それぞれの分野に応じた以心伝心の指導法

たとえばドイツから剣道を学びに来ていた人達は、日本に来てドンドン、ガツガツと次は体当たり、次は打ち込みだと言ってやらされて、ヒラメ筋やアキレス腱を痛めて次々に故障者を出したと聞いている。本人達には言わなかったが、それはやはり指導者の問題である。年齢層やその人のレベル、あるいはその本人がどの程度、専門的に取り組みたいかという意気込みなどでも指導は違ってくる。ところがそんな人達にすべて同様に、体育学部系の学生と同じような稽古をやらせては、故障者が出るのも無理のないことである。

私のゴルフの先生も、最初の習い始めの時、私に「あなたはどの程度のレベルまで上達したいのですか。少なくともシングルくらいにはなりたいのですか」と尋ねてきた。私は「そうです。つき合いでやるくらいなら先生にお願いしません」と答えると、「分かりました。それでは当てるゴルフではなく斬れるゴルフを教えます。厳しいですよ……」「斬れるゴルフですか⁉　剣道と同じではないですか」と言って尋ねると、「全くその通りです。我々はゴルフのクラブを刀だと思って、刃物でボールを斬るという感覚で、アマチュアのトップクラスからアシスタントプロまでを指導しています。まずビジターには払うように、アベレージゴルファーには打つようにそしてシングルからトップアマ→アシスタントプロ以上には斬るようにという教え方がそれぞれあるんです」と言っておられ、「なるほど」と感心させられたものである。

剣道でもそういう段階が当然あっていいわけだ。剣道は老若男女誰でも取り組めるものだからといって指導もみな同じでは困ってしまう。たとえば関東学生剣道連盟の加盟校でも約100校あるわけだが、指導者もいないところの大学に対して、「あんな剣道ではダメだ」と言う……。それは体育学部を中心にした見方しかしていないわけで、本来、そんなことは言えないはずだ。だから指導者はそれぞれの段階、分野に応じての見る眼を養わなければならない。ところがそれが慢性化してしまっているのである。下手だから簡単に教えるとか、いいかげんに教えるというのではなくて、やはりレベルごとに教えるということである。そこにはそれぞれに指導の難しさあるいは面白さというものが必ずあるはずである。

女子剣道にしてもそうだ。私の大学に稽古に来ているあるお母さん剣士は女子学生と相対すると「辛い」と弱音を吐く。それはお互いの気持ちが通じ合っていないからである。ところが私と稽古すると「運動量はすごいのだけれども楽しい。吸い込まれるかのごとく優雅で思わず身体が動いてしまう」と言ってくれる。要するにそれが以心伝心の剣道であり、指導において最も大事なことではないだろうか。

私の好きな言葉に「人はみな、心は父のおくりもの、辱しめなよ、おのが心を。人はみな、からだは母のおくりもの、傷つけなよ、おのがからだに」があるが、ここにも教育の原点が隠されているような気がする。

キリスト教義を根底に教育に著しい成果を上げておられる玉川大学の女子部員が、夏休み終了間際の私の教養部鶴川道場の合宿に五日間参加してくれたが、後に私に頂いた個人的なお礼の手紙を敢えて紹介しよう。

◉

先生、この間の出稽古ではいろいろ御指導ありがとうございました。

毎日毎日の稽古、先生のお話、試合と何から何までがとても勉強になりました。とても感動しました。今でも先生の稽古されている姿、手の内や足さばき、頭の中に焼きついています。先生の打突は〝打たれた〟というのではなく、まさに〝斬られた〟という感じがします。そして美しい、きれいだと感じました。不思議です。出稽古に通っている間、毎朝、先生の稽古姿を夢に見て起きました。見取り稽古のせいでしょうか。常に先生の手の内と足さばきばかり頭の中にあります。

またとても嬉しく思った事は、私達のような弱い者でも嫌な顔をせず、毎日稽古、御指導下さったことです。先生方はもちろん、学生さんも常に真剣でした。試合でも稽古でも……。その事が何より嬉しく思います。たまによその大学へ行くと、弱いからといって、稽古が真剣でなかったりというような事がありました。そんな時は本当につらくもあり、惨めでした。剣道が強いとはそんなことではないと感じます。

学ぶということは、意欲さえあればどんな所でもどんな時にでも、どんな事、ささいな事でも学べると感じました。また努力というのも本当の強さ、美しさを生むものだと知りました。私も井上正孝先生を信じ、もう一度心に努力を思い、一所懸命頑張りたいと思います。

また機会がありましたら、先生、稽古お願い致します。それでは先生も御身体を大切に……。

文学部芸術学科二年　Ａ・Ｓ

◉

また四年生のＧ・Ｍさんの便りの中には印象に残った言葉として「希望に起き、努力に生き、感謝に寝る者は幸福である」と書かれていた。この私が言った禅寺の名言を強く心に残してくれて、お礼の手紙として頂いたが、このように素晴しい学生さんの心には監督の教育方針を感ぜずにはおれない。要はどのような心で剣道を指導し、また学ぶかによって、将来の人格まで決まって行くのではないだろうか。

少年の指導も同様で、これは指導の中で最も苦しく、きついものだと私は思っている。何しろ子供より指導者の方が身体を動かさなければならないのであるから……。かかり稽古にしても先生を打ってやると思わせせなければ、本当の指導者ではないと思う。打たせてくれたなどと思われると、子供の方でも敏感にそれを感じとるものであろう。これも以心伝心である。子供には私利私欲はない。まさに無心になってかかってくる。私の師である父は「子供に教え学びながら、心も技術も成長進歩するのが教育者の真の姿である」ことを実践し、身をもって私共に教え導いてくれたものである。

警察の機動隊特錬の人達が日本では最も恵まれた練習環境にあり、範士九段の師範がずらりとおられ、また互いにライバル同士が毎日稽古できるが、教育者は下を教え導きながら、子供に掛かって学ぶ心がなければ進歩しないと思う。そして子供には未来の天才がいて、大人の真似できない素晴しい動きをする者がいる。私達は子供の天才に学べるのである。その意味で指導の原点は少年指導にあり、指導者は子供に学んで強くなるということが、究極の目標ではないかと思う。

私がベルギー、フランスに指導に行った時の話はこれまで何度も述べてきたが、ここでもう一度振り返ってみたいと思う。

彼らは私と稽古をするまで「剣道は痛いものだとばかり思っていた」と言っていた。すなわちそこではただ単にしっかりした打ちで打たれたのだから痛いのは当然だという指導が成されていたわけである。「しかし先生と稽古をしてみるとすごく楽しかった。打たれて気持ち良かった」という……。そして稽古後、改めて座談会を開いた時、彼らは次のようにその感想を述べていた。

「自分たちはどうも考え違いをしていた。『強くしっかり打ちなさい』と教わってきたのだけれどもどうもその意味が違うようだ。先生はみんなが〃ハッ〃と思うようなところを小気味よく打たれる。しかしそれは心地好い打突だった。そして何より本当に打たれたという気がするのはどうしたわけだろう。実に不思議な気分を味わった。あらゆる競技は負けて悔しいはず。ところが打たれて感心してしまった。稽古をしていても角がとれた感じで、ついつい先生の動きを真似してしまった。

今まで膝を痛めたり、肘を痛めたことの原因が分かったような気がする」

彼らが剣道（日本文化）に求めているのは、その〝ハッ〟とするところであり、負けて感心してしまったということであり、これも以心伝心、ついつい動きを真似してしまった不可解さにあるのではないだろうか。

剣道の足捌きにしても送り足もあれば、ひらき足もあり、歩み足あるいは継ぎ足もある。踏み込み足などは、剣道が床の上で行なわれるようになって主流になった足である。しかし今はそれをしなければ剣道ではないという……。いろんな場で稽古を拝見してみると歩み足、ひらき足がなく、送り足と継ぎ足をもちいた踏み込み足だけの剣道に片寄ってはいないだろうか。私の師匠は、実に見事な歩み足やひらき足の技の展開を見せてくれ、それは今でもまぶたに焼きついている。

送り足と継ぎ足だけでは、若さには絶対に勝てない。だから現在の剣道は若い人に制されているのである。その強い若さもやがて次の世代の若さに敗れていくのは目に見えている。これではかつての「不老の剣」には到達できない。ここに剣道の将来のヒントが隠されてはいないだろうか。「猫の妙術」は数百年前にこの事を示唆しているのだと思う。

ところが一般的には床を踏み破るくらいに踏み込めという考え方に固執してしまっている。すなわち一足一刀の間合からパーンと跳び込む剣道が理想だとされている。しかしその結果、膝を悪くして、若くして剣道ができなくなったという人は意外に多い。そして悲しむべきは、現代の有名な先生に数多く膝を痛められて美しい姿と言われる『坐作進退』の正座ができなくなっておられてお気の毒である。ましてやヨーロッパなどではそれ専門の道場を持たない。体育館は全天候型でのアスファルト製のテニスコートなどと同じ造りの床やタイル張りの床だから、そんな中ではとてもできない剣道である。

そういう環境に対して面を打つ時は、力強く踏み込んでさらに体当りだという指導ばかりしていたら、すぐに膝や腰を痛めてしまうのは当然である。敵を知り、己を知るではないが、○○で教えていたという方法をそのまま持っていくから、そういう障害を生み出してしまうのである。そのうち防具をつけてラグビーをやっているようなものだという感覚になって、みんながみんな目を回してしまうであろう。このことは非常に「国際化」を阻害していることだと思う。

単純なもの程、飽きがくるのは早いし、すぐに行きづまってしまうものである。単なる技術屋ということだけで終わってしまっては、まるでエアロビクスの教室に通って痩せなかったからやめたということと同じだ。そうではなくて彼らは探れば探る程に改めて日本文化の神秘性に魅せられているということを、それを代表する一分野の剣道に求めているのである。日本人とてそれは同じことだと思うのだが、前述したように日本人自身が〝井の中の蛙〟になってしまって剣道本来の姿を次第に見失いつつあるのである。日本の指導者の言葉に「優雅」「風流」「神秘性」「優美」「おもいやり」などの芸術性を表現したものが全く聞けなくなり、欧米の修行者の言葉にあることの驚きと悲しみが実は問題ではないだろうか。

真の「国際化」への道

〝師弟の道〟ということ一つとっても、それは「国際化」という場面でも同様に通じることだと思う。しかし日本にその道がないから海外からも求めようがない……。その意味で我々は彼らの期待を裏切っていると言っても過言ではないであろう。

数年前、私が何名かの先生と一緒に指導に行ったある国では、第一日目の指導をすべて私一人に任されるということがあった。これでは指導される側も迷ってしまうし、私自身も入れ替わり立ち替わり来る日本人の一人になってしまったわけである。彼らは迷った末、私に自分達の師になってもらえないかと言ってきた。しかし安易には引き受けられない。なにしろ他人の弟子を奪うようなものであるから……。もちろん断わった。今まで来られていた先生がその人達の師匠なのだから、私が断りもなく、その人達の師匠になるわけにはいかないのである。初めから私が教えたのなら私が師匠である。私もそれなりの責任をとらなければならない。しかし芸道には昔から「剣縁」と「剣運」があり、まず師を選べというが、厳しいようだが、その人達とはその剣運がなかったことになるわけだ。

その責任というのは、指導に行った時だけではなく、日本に来た時に彼らに修行する場所を与え、その面倒をみてやらなければならない義務があるということである。それが〝道〟だと思う。ところが「日本に来たらいつでもおいで」と言いつつ、彼らがいざ日本に修行にやってくると、掌を返したように、「他のところを紹介してあげます」と、こうである。これでは紹介させられた方だって迷惑だし、彼らだってジプシーみたいに今日はあっち、明日はこっちと腰を落ちつける道場もなく、目まぐるしく修行の場を替えられては、すべてがしり切れトンボになってしまい、「一体、私は何しに日本にまで来たんだろう……」と思いながら、結局、何一つ得られずに帰国という最悪の結果が生じてくるわけである。そして日本の地味な地方の古武道家の下に走ってしまった人々も沢山いるようだ。

私のところに、海外で一度だけ稽古をしてあげたあるフランスの女性が彼女の先生を通して私の弟子になりたい、そして道場の修行方法などを勉強したいと言ってきた。この人はキャリアウーマンで、原子力研究所の技師であると、きちんと〝道〟を通してきたのでお引き受けした。そこで年齢的にも無理があるので、学生と一緒に生活するよりもと、ホテルを契約し、一ヶ月間の滞在費など「剣道は芸術であり、美しくなければ」というある実業家の協力を得て一切合切……、といってもあまり過剰にならないようにほどほどという程度に押え、剣道はもちろんのこと、日本の伝統文化や現在の姿を観てもらった。

指導者になるにはそのくらいの覚悟がいるのではないだろうか……。だから安易な気持ちで海外へなど指導に行ってはいけない。こちらが行くのはいいが、来られるのは困るでは結局、旅行気分で行き、片手間に指導していたということである。今、その辺りのことが非常に乱れているのではないかと思う。

すなわち海外への普及も確固たる信念を持って取り組んでいかなければ、真の「国際化」への道とは言いがたいと思うのである。結局、これも以心伝心がなければそれはままならないということであろう。言葉が通じないことの壁が一方通行になったり、いいかげんな指導になったりしているという状況も見逃してはならない。だから剣道の分かる通訳も必要である。そういう人達の養成ということも真の「国際化」への道に通じるには大切なことではないかと思う。それにはまず国内の青少年の剣道指導の充実こそが最重要である。

世界選手権にしても立派な戦いをする選手にほれて、あの人のような剣道をしたいというようにならなければ……。突きまくって、体当りをくらわせて、試合後は対話も少なく、あるいはあの選手には本当は勝っていたけれど、審判のせいで負けたんだという感覚では国際親善など生まれてこようはずもない。単なる勝敗にこだわった現在の世界選手権の正しい方向への軌道修正も急がねばならないと思う。また大会前日の全員の交歓稽古にも日本代表は参加していないこと。これでは国際親善とは名ばかりであり、残念なことである。

今回のソウルオリンピックの柔道惨敗の姿を見て、私は剣道の将来を見ている錯覚に何度も陥ったものである。日本人の誰がエッセン（西独）での世界選手権から一年足らず（金メダル四個）の日本柔道の惨敗を想像できたであろうか。基礎体力の優れた巨人がいとも簡単に日本人を次々とねじ伏せていくのである。技も立派になった。オリンピック式の勝つための競技における日本の体力のなさは全てのメダル獲得数に現われているのである。

かつて私の友人が米国留学中に学内剣道大会に筋肉隆々の黒人と対戦し、そのスピードに敗れて3位という結果に終ったと聞く。彼は当時、剣道参段だったが、「アメリカンフットボール選手のごときが防具をつけてパワーで体当りされたら日本人は立っておれないよ。注意しなければ……」と私に警告してくれた。

また韓国の連盟の要人が私に、「先生、剣道がオリンピック種目に入ったら必ず韓国は日本に遠からず勝つでしょう。予算が違うのです。また勝つと一生が親族まで保障されるのです。超一流の素質と体力を兼ね備えた人材を国家の力で集めて国が鍛えるのです。でも心ある私達、若い韓国の指導者は『真の剣道の心』を理解し、学生達に指導したいのです」と熱っぽく語ってくれた立派な方々もおられた。

このように今、世界のスポーツは勝利、ナショナリズム、金銭そして保障へとつながっているのである。そして勝つためにはあらゆる科学の力、命の危険な薬の使用……。西側の有力な情報によると、これまでソ連ではメダリスト五十余人の人々がこのドーピングによる薬害によって死亡しているというショッキングなニュースを報じており、今回のオリンピックを大いに沸かせたあの100Mのベン・ジョンソンも結局、勝たんがためのサイボーグと化した悲しい人間でしかなかったのである。この他にメダリストだけでも十名がドーピングによって失格となって、メダルを剥奪され、競技生命を絶たれていったのである。

オリンピックは既にクーベルタン男爵の精神から完全に逸脱し、個人の名誉よりも国、またアマチュア・リズムの言葉は消え、フェアプレイの精神のみがかろうじて残されており、日本の各種目も世界選手権で優勝すれば、一千万円出すなどと公言する団体も出現している。世界のスポーツに純粋なるアマチュアはないのである。こんな世界に剣道が仲間入りすれば結果は見えている。「世界の柔道に完全になったのです。これは日本の柔道ではなくなった証拠です。日本はこの現実を悲しんではいけないのです」と言ったニュースキャスターの言葉を我々はどのように理解すればよいのであろうか……。

世界選手権大会を通した日本剣道の「国際化」は柔道の数倍の速さで進行して来ている。今回の世界大会において、個人戦では出場した日本選手の中で三名の全日本選手権者が外国勢に敗れている現実は勝敗からすると、非常に恐ろしいほどの外国の急迫ぶりである。柔道のように各階級に一人だけが出場したとしたら、想像するだけでもゾッとしてしまう。共産圏はステート・アマ、すなわち国家がかかえたプロなのである。

話しの方向性を変えてみよう。例えば、日本文化の中の歌舞伎、能、茶道、華道等の芸道が果たして弟子として外国人に指導して、やがて本家本元の日本のお家元と競争するであろうか。尊敬するお家元と争う気さえ起きないのが芸の道ではないだろうか。それとも競技中心の現在の剣道と、精神、心法を中心とした剣道に道が分れていくのだろうか。もしそうなることに成功すれば、日本剣道も生き残れるかもしれないと確信する剣道家も出現している。

一体どのような方向へ剣道は進んだら良いのか、高段者の先生方は将来の指針を剣道界に一刻も早く示して頂きたいと思う。「剣道の理念」を現実の剣道界に分かり易く示し、錦の御旗化して安心することなく、誰にも理解させるような努力が必要であろう。現実の剣道界、いや各県連の内紛の数多い現状を鑑みて、果たして剣道界は「剣道の理念」に基づいた指導や運営が成されているのであろうか。こんな現実を白日にさらすことさえタブーとなってはいないだろうか。

本当に人生を豊かにしてくれる剣道を選択して良かった、間違っていなかったと我々はもちろんのこと、彼らにも言ってもらえる時が、逸早く来ることを願う次第である。

第五章

〝女子剣道〟の道

今、現代の女性たちを見渡してみると、欧米化の影響であろうか、とても明るい。いわゆるネアカの人間が多くなった。それは欧米化したことの一つの良さであろう。学生たちを教育していてもそれは肌で感じる。

戦後の復興の努力で、日本は経済的にも大きな発展を遂げ、欧米化も急速に進んだ。それはそれでいい。ところがその一方で女性に対する躾、あるいは教育面が疎かになってはいないだろうか。一つには男女共学の良さと同時に弊害もあると思う。

現実、合理主義の弊害

日本の女性はかつて〝大和撫子〟と言われたように、世界の人達から高く評価され、彼らにとって一種、憧れのような存在でもあった。その中には清楚端麗、貞淑温雅という意味の言葉が内包されており、〝大和撫子〟イコール彼らの理想の女性像とでも言うのであろうか……。そういう意識でとらえられていた。ところが今、そんなことを言うと、〝大和撫子〟なんて言うのは古い、あるいは女性に対する偏見だという意識が先に立ってしまう。それこそ偏見であろう。それはやりたいこともやれずジッと我慢をする日陰の花という暗く、歪められたイメージを持たれ、なんとなく負い目を感じているようでもある。

男女平等なのだから、もっとのびのびと明るく、経済成長にも伴ってやりたいことには積極的に取り組んでいこう、バイタリティを持って社会にも大いに進出していくべき……。そのこと自体は大いに賞賛されるべきことだが、根本のところでの捉え方が何か間違っているような気がする。イプセン作『人形の家』のノラのごとく、人形のように生きるより、人間として生きたいと願って夫と三人の子供を捨てて家を出た行動に対して賛否両論あったということの見解とある意味では類似している。

日本の報道人が韓国の若者の幾人かに街角で「ソウルオリンピックに来ている諸外国の人々に『韓国の何を見て欲しいですか』」とインタビューすると、決まって「韓国人の〝長幼の序〟あるいは〝上長への礼節〟であったのには驚きかつ現在もなお脈々と「儒教」「儒学」の教えが若者に根ざしていると感心させられたものである。

逆に日本の若い人に今、「日本の良さって何ですか」と尋ねてみて、「ここを見て欲しい！」と明解に答えられる人はおそらくいないであろう。そこのところが現代の教育において見失われたところではないだろうか。つまり日本の歴史とか伝統である。ところが歴史というと、ただ年号を暗記して、何年に○○戦争があったとかいうテストのための知識でしかない。英雄、偉人たちの美談、逸話などを話して聞かせることも実は教育的にもずっと効果が大きいと思うのだが、そうではない。例えばジョージ・ワシントンの幼少の時の「桜の木事件」の正直な話は今でも私の心の中に脈々と生きているが、現在では、それは作り話でしかないよと言って片付けてしまっているのである。あまりにも現実主義というのか、合理主義というのか……、それでは心に訴えるものはない。いわゆるロマンがないのである。

戦後、日本の一部の考古学者が民族学、歴史学の上で「古事記」や「日本書記」は単なる昔ばなしやものがたりであって事実ではないとしたので、考古学に夢がなくなり、また数十年分のこの学問が衰退したが、史実通りに「藤の木古墳」等、幾多の事実が判明している。ロマンを求めずして学問も芸術も存在しないという良い例であろう。

剣道の稽古においても、稽古会というとただ稽古をし、指導者もこういうことに気をつけなさいと、技術的な注意をしてくれるのが関の山で、剣道の実技から離れた話というのがない。高名な先生を招いて稽古会を開いているところも沢山あるようだが、「あの先生の話は長くてね……」という話が逆に伝わってくる。

結局、教える方に全くその気がないのと、教わる方もそんな剣道に全く関係ない話は興味ないよと、ソッポを向いてしまっているのである。

私の父は剣道の叩き合いの時間より、先に述べた人生を豊かにしてくれる躾の話、英雄、偉人の話など、剣道に関係のない話を剣道に取り入れていた。しかしそれは何の違和感もなく剣道の魅力に結びついていたものである。

剣道が〝活人剣〟と言われるならば、あらゆる諸問題に対して、その証明をしていけば良いわけである。たとえば日常生活における謙譲の心……。我々はそれが剣道をする人の偉いところだと言って教えられたものである。本来、剣道にはそんな決まり事はありはしない。だけれども剣道家とはかくたるものだと言って、どんどん高めていった。姿勢にしても剣道をやったからと言って必ずしもそれが良くなるとは限らないはずである。姿勢を良くしよう、美しく優雅に構えられないものかと努力するから良くなるのである。すなわち心懸けである。

試合でも選手の誰もがみな勝ちたいと思って場に臨んでいる。それをさらに監督や先生が絶対に負けるな勝てと追いうちをかけるから余裕がなくなってしまう。勝ちたい負けたくないという状況の中で、立派なあるいは日頃目指している正しい剣道を実践しようとする、一段昇華した心で臨む……。それが芸術であり、文化と言われた優れた精神ではないだろうか。

我々一門はそのような教育を受けて、「正剣不滅」の精神になれた時に、勝利は向こうからやってきていて、不思議な心境になったものである。勝ちたいと思っていた時、勝ちは来ずして、正しい剣道をという心境になったら、結果的に勝っていたのである。

剣道を高めるためには、何もせずに高いんだと言うのではなくて、日常生活で出会うさまざまな出来事を剣道の中に取り入れ、昇華して再び世の中に還元する……。それが〝活人剣〟と言われる剣道の良さではないだろうか。今、実業界では高名な剣道家を招いて講話をしてもらうという機会が増えていると聞く。すなわちそれだけ剣道は社会的にも認められているということであろう。ところが当の剣道界でその場が少ない。剣道は端から高いものだと言ってそこにあぐらをかいているから、一方ではしばしば傲慢になっているとも思われがちなのである。そうではなくて、剣道家の話を聞いたら、人生が、心が豊かになったというのが本来のあり方なのではないだろうか。

日本の偉大な物理学者である朝永博士が「日本の物理学者は物理から一歩も外へ出れないでいる」と言われたのはけだし名言であろう。剣道も剣道の叩き合いというだけでは魅力は少ないはずである。それは強い者にとっては大きな魅力であろう。だけれども底辺の掘り起こしこそが本来、最も大事なことであるはずだ。すなわち社会人でありながら仕事の合間をぬって週に何回か稽古をする。主婦であるならば、家庭にありながら時間を作って稽古をする。あるいは日々、勉強に追われている子供たちが剣道に取り組む……。それは剣道には他のスポーツにはない何かしらの魅力が存在するからである。ところがそういう分野の人たちに対する配慮というか教育が疎かになってはいないであろうか。

指導者講習会も高段者、中堅指導者に対するものはあっても、底辺の指導者に対するものはほんのわずかなものである。ところがそういう人たちに限って専門家から見ると肝心の剣道はおろそかだが、送迎バスを用意したりなど商売が上手い。だから百人も二百人もの子供たちが集まってくる。また勝たせるコツもよく心得ている。いわゆる点の取り方（技術）のみを徹底して教え込むという塾の先生という感じなのである。ところがそんな指導者の下で教わった子供たちは中学生以上になると全く伸びない。結局、芽をつんでしまうということになってしまうのである。しかしそれらの人たちが教えてはいけないという決まりはない。

一方、専門家はというと、その大部分の人は全人格的なものを教えようとするのだが、かみくだいて教えることを知らず、難しく、難しく教えようとする。また褒めることを知らず、厳しく頭から押さえつけようとするから、そこの子供たちというのは悲愴感が漂っている。だから子供の数も増すどころか減少しているのである。すなわち両者共に一長一短あり、魅力を欠いてしまっているわけである。「素人指導が蔓延《はびこ》って困ったものだ！」というだけでは何の解決にもならない。その人達をより良き指導者へと教育することこそが肝要なのであろう。

たとえば躾にしても、今、一番ＰＴＡで問題になっているのは、家庭の方が学校側に「学校ではどうしてそんな躾を教えないんだ。もっと厳しく指導して欲しい」と言い、学校側は家庭に「成績が悪いから、もっと塾へでも行かせて勉強させて欲しい」と言っていることである。お互いがまるで逆のことを言っていて、またそれに気づかないところが滑稽と言っては語弊があるが、実に興味ある点だと思う。すなわち学校の教育現場においても、家庭教育の場においてもその本質が見失われつつあるということである。剣道はこの本質を大いに網羅した内容を持っていることに気付くべきだと思う。

日本の心

国士舘大学では、ちょうど我々の時代（昭和三十九年の後半）に一体、どんな教育が成されていたのかという映画がつい最近、ビデオとして販売された。それを剣道部の学生達と一緒に鑑賞すると、彼らは何だか別の大学を見ているようだと言っていた。当時は大学としての特色が大いに打ち出されていたわけである。が、今は何も特色がない……。ではそれを見て何を感じたか、彼らに一言ずつ列挙させせたところが、「皇室を重んじている」「年上の人を大事にしている」「礼儀作法が立派である」「思いやりを感じた」「そしてまさに建学の精神『誠意、勤労、見識、気魄』が実践されている」……、などさまざまな答えが返ってきた。そこでもう一度それらを練り直し、まとめて一言で言ったら何だろうか、と話し合ってみると「日本の心」「日本人らしさ」ではないかという結論に達した。

そうすると、逆に日本の良さというものを探求、網羅していけば、おのずと我々がやるべきことは見えてくるのではないだろうか。剣道だって同様である。かつて日本では先に述べた清楚端麗、貞淑温雅、さらに思いやりとか優雅さを非常に大事にしていた。そしてこれは日本でしか生まれなかった言葉であり、芸道、芸術にも相通ずるものである。が、剣道も次第に合理的になって、競技化の傾向が強くなった。すなわち塾で点数の取り方のみを教えるのと同様になってきたわけである。たとえば、ある大学がある県警に「武者修行に来ました」と言って挨拶をする時、県警側は「来たる全日本学生優勝大会ではご健闘を祈ります」と言い、大学側が答えて言うには「全国警察大会では頑張って下さい」である。そんな貧弱な会話しか出てこない……。それではそのためだけに剣道をやっているのであろうか。全日本に勝つための合宿であり、あるいは武者修行なのか……。

だから今年（昭和六十三年）、うち（国士舘大学）が関東大会では二十数年ぶりに初戦敗退してからというものは寂しい限りである。全日本という大きな目標がドーンとなくなったわけであるから……。それは当面の目標として士気を高めるためには良いと思う。だけれども、それをすべてにしてくるから、突然に目標がなくなると、疎外感に襲われ、気持ちが空虚になってしまう。そんな考え方に固執している学生はそれ故、田舎に帰っても稽古などしない。すなわちクラブ活動だから仕方なくやっているという剣道になってしまっているのである。本来の剣道を表芸とする体育教師になること、「立派な教育者」になることを忘れてしまっているのである。

以上、述べた点を女性の剣道に当てはめてみても同じことであろう。主婦の剣道であるならば、彼女たちが女性として家庭生活を営む中で、剣道を通して心を浄化しようというために取り組んでいる。そうでなければならないはずである。本当はやることは他にも沢山あるはずだ。楽しいもの、面白いものが……。だけれども道場で子供が教えてもらっている光景を見ると、人間に大切なことを教えている。だったら私も教わりたいということが、取り組み始める一つのきっかけでもあるわけである。その直接的なきっかけが礼儀作法であり、美しい所作ではないだろうか。

剣道はどうしてあれ程までに礼儀作法を大切にするのか。高校野球などのように、最初と最後にベースをはさんで礼をすればそれだけで良さそうなものである（本来、野球は礼式は存在しなかったが、教育として日本に取り入れた時、武道の礼法を参考にした）。ところが剣道は一回、一回事あるごとに礼をする……。それは心が粗悪になるからである。

剣道の剣道たる最大の特色は、首や腕が血しぶきをあげて飛び散る生死を争う戦いに礼法を取り入れたことである。言い換えれば、相手を突き倒すかのごとく激しい闘争心を持って臨まなければならないと言いながら、その一方で人格を尊重しなさいと言っている……。つまり我々剣道家は常に自己の心の中で葛藤を繰り返しているわけである。その心の葛藤こそが剣道の持つ特色ではないだろうか。でなければ剣道はこんなにいい意味では発展しなかったはずである。

野球では空振りをすると「ちくしょう！」と言ってバットをほおり投げる、エラーをするとグラブを地面にたたきつけて悔しがる。ところが剣道というのは打たれて「ありがとうございました」と言い、また打った方も「いや、いやおそまつでした」と言う。打って勝つのではなく、勝って打つことを大切にする。あるいは打たれずして「まいった」とするなどこの不思議不可解なところに剣道の魅力が存在するわけである。

ところが昨今の稽古というのはお互いに認め合わずに道場の中でののしり合っている。この事実は非常に憂うべき点である。高野佐三郎先生もその著書で、当時、このことを嘆いておられる。そういう場面にまるで剣道を知らないお母さん方が出会ったら果たしてどう思われるだろうか。とても剣道をやろうなんて思わないはずである。

剣道は日本の古き良き伝統を背負って今日に至っている。従ってその伝統の良いところを、またその心を当然、教えるべきだし、学ぶべきである。また剣道に取り組むことはその絶好の機会でもあるわけだ。ところが所詮、スポーツになったからと言って、本来成されるべき指導が疎かになってしまっているのが、おそらく現実であろう。

内容がどのようであろうとも、勝った事のみを評価し、どのような立派な内容であろうとも負けた剣道を認めようとはしない指導者があまりにも多いのではないだろうか。勝負事は例えば10パーセントの実力の人が努力によって80パーセントの実力へ向上しても、往々にして努力不足の90パーセントの人には負けるものである。そこが指導者の無理解によって評価されていないのであって、このことは教育からすれば、恐ろしい現実なのである。

日本人は欧米からきたスポーツに魅力を感じているから、あるいはスポーツ剣道でいいのかも知れない。確かにスポーツという言葉には健康的で明るいイメージがある。スポーツという言葉の語源はラテン語の「気晴らし」の意味から発生している。そこには冒頭で述べた現代の女性は非常に明るくなったということと、相通ずるものを感じる。しかし楽しいスポーツだったら、バレーボールの方がずっと楽しいはずである。ところがスポーツ剣道（技術）ということだけで捉えてしまうと、剣道の場合、弱い人はボコボコ打たれてばかりいて、まるで楽しさがない。結局、理解できず、「やめたい」ということになってしまう……。

私の教え子の女子学生に真面目で4年間、実によく努力した部員がいるが、試合という試合にほとんど勝てなかった。だけれども女性として終始、お茶にお華に書道に精進した結果、立派なレディとして自信を持って世に推薦できるまでに成長した。彼女なりに努力し、研鑽を積んだのである。勝てないからといってどうして責められるであろうか。彼女は現在、福島県の山村の小さな小学校の先生として、幼い天才たちを生き生きとして教育している。

すなわち剣道を取り入れる姿勢こそが問題なのである。そのことをまず考慮に入れておくことが、女性とか子供たちの指導、あるいは〝道〟に通じていくことになるのではないだろうか。言い換えれば、女性が竹刀を持つまでの道場での目的意識を指導者がどう捉えるか……。それが一番大事なところであろう。その意味で剣道の指導者はあらゆる面での勉強を怠ってはならないと思う。

ある子供がこれまでは算数が一番苦手だったのが、先生が替ったら、突然大好きになってしまった、あるいは逆に大嫌いになってしまったという例は沢山あるようだ。

最近、私の道場に小学生から中学三年生の現在に至るまで、進学の勉強と剣道を両立させている子供達が数人来ているが、その中の一人がある神奈川の剣道に力をいれている高校の先生から「是非、うちの高校を受けないか。ついては一度稽古に来なさい」との事で、つい先日行って来た生徒の話すことには、悲しそうな顔で「先生、あの高校は暴力剣道の学校でした。先生が滅茶苦茶に足ばらいや、けたぐりをかけて、僕たちを掛け倒すのです」との話しだったが、そんな指導が熱心な指導と考え違いしているのは、恐しいことである。結局、それは指導者の人間性を問われているわけである。指導者はそのことを十二分に意識し、真剣に考え、男性からも女性からも、さらには子供からも惚々されるような先生であってほしいと願っている。

◉

前置きが長くなり、本題である〝女子剣道〟の道というテーマからは大きく逸脱してしまった感があるが、以上の点をふまえながら、この問題に取り組んでみたいと思う。

女性の剣道というのを一言で表現するならば、竹刀を持つまでの所作の美しさ……。まずそこにこそ女性が大いに学ぶべき点があるはずである。だけれどもこれまで述べてきたことでお分りいただける通り、現実はというと、簡素化してしまったというのか、女性を指導している各道場、学校などでそこのところの指導を重視しているところは意外と少ないのではないだろうか。いわゆる〝良妻賢母〟を校風とする女子校、女子大などではそういう面の指導を大事にされているかもしれない。

私の場合は、一般の学生の正課の授業の中でもせいぜい五分から十分間は正座をさせたいと思って取り組ませている。準備運動をして整列し、私が来るまでの僅かな時間だが、慌しく、何の感動もないまま時が過ぎ去って行く世の中だからこそ、自己の心を垣間見る時間を少しでも作ってやりたいと思っている。

私はA型でもともと短気である。が、指導となるとその短気を生かして逆に気長であると思う。イライラしながらも信じて待っているという釣人の特徴を生かしてやろうと思っているのである。ところが、今は母親の躾でもそうだが、「早くしなさい！」という意味の一言で躾られている。一日の始まりから「学校に遅れるよ」「早く歯を磨きなさい」「早く着替えなさい」「早く行きなさい」という具合に、子供に全くゆとりを与えない……。だから忘れ物をしたりするのである。私自身も注意して自らを振り返ってみると、家庭においてはよくそれに似た言葉を発している。

それを剣道の指導に置き換えても、早く打ち込みをさせたいがために、本来、剣道が持つ良さを見失ってしまいがちになっている。今、家庭において正座をする、ましてや黙想をするなんてことはほとんどありはしない。そんな日常、急されている学生や子供たちだからこそ、たとえ僅かな時間でもいいから、そういう機会を作ってあげることが必要であり、それがまた剣道の良さでもあるのではないだろうか……。すなわち今はもう見失われつつある礼儀作法を通して父・武雄の教育理念である「もののあわれを感じ、風流で優雅さがあり、おもいやりのある日本人たれ」の心こそ、剣道が今の時代に還元する役割を持っていることが、ここで証明されたわけである。

礼儀作法の究極の精神は、神の心に近づくことであり、その心はやがて「愛」につながるものと信じる。戦い争う原点の「剣道は愛につながる」まことにもって摩訶不思議ではないか。まさに芸術の心であり、これこそが日本の伝統文化ではないだろうか。

今、見失い歪められつつある〝大和撫子〟という言葉の本当の意味を我々はもう一度考え直してみなければならないと思う。

からだは母の贈り物

現代の女性はとても明るくていいのだけれども、果してその女性たちが将来、家庭に入り、母親となった時どうであろうか……、ということを考えてみると、実際にはその資質は磨かれていないのが現状ではないであろうか。

例えば先進国の中で唯一、日本女性のみ喫煙者が増加している事実（男性は減少中）、また特に目立つのは、女子学生の3分の1から4分の1と思える程、「はし」の正しい握り方が出来ない。この件について、学校給食で「先割れフォークのせいだ」と父母が批判していたが、しかし「はし」の持ち方は本来、家庭の重要で基礎的な躾の一つではないであろうか。この女性達が将来、母親になれば絶対というほどに、その子供達は「はし」が握れない子供となるであろう。恐しいことだ。しかも指先の動きは末梢神経、いわゆる脳の働きと連動しているのである。脳の発育に関与してくるのである。

また大学生の正課の授業で、面タオルや面ヒモが自分で結べない学生が最初、60名中15名ほどいる事実、そこで面倒だからといってマジックテープで……という特殊な「面」が現実に売り出されているのである。これでは果たして何のための剣道か……、世界に誇れる日本には「ひも」の文化もある。「組みひもの道」がそれで、法隆寺にはシルクロードの時代から存在する事実が証明されているのである。花のお江戸には有名な上野・不忍池の「道明の組みひも」は知る人ぞ知るである。

読売新聞の夕刊（よみうり寸評）に次のような記事が記載されていた。

「米ワシントンに託児所付きの公立中学校がお目見えした。女教師用ではなく、母親となった女子中学生のための託児所である。ワシントン・ポスト紙によれば、同市では数年前、二つの公立高校にも託児所が設置された。そして今年九月、ハート公立中学校にも託児所が設置された。託児所付きの中学校というのは全米でも珍しいそうだ。

ハート中学校の場合、ベッド数十二。生後六週間から二年までの赤ちゃんを預かる。人気は上々。

二十四人の母親中学生が応募した。選にもれた十二人はウェインティング・リストに名を連ねている。母親中学生たちは昼休みに、わが子への授乳やオムツの交換ができる。昨年、ワシントンで約三百五十人の中高生（うち中学生百三十人）が出産した。昔ならそのうちの八割が退学したが、今は託児所のおかげで学校を続けられる。一部に『校内託児所など作るから出産の低年齢化が進行する』との強い批判がある。だが、ハート中学校の校長は『ミステークを犯した少女を救うのは当然』と反論する。

昨年は、十二歳で結婚、十三歳で離婚、十四歳で再婚、十五歳で離婚、それぞれ一児をもうけ、『もう結婚はコリゴリ』という男子高校生が全米の話題となった」

欧米化の影響を受けている日本においても、この事実は他人事と言って簡単にかたづけられない問題だと思う。

私の好きな言葉に「人はみな、心は父の贈り物、辱しめなよ、おのが心を。人はみな、からだは母の贈り物、傷をつけなよ、おのがからだに」がある。子孫の繁栄を考えてみても、受胎後、生命は十月十日、母親の肉体の全てを栄養として吸収し、成長し、やがて出産という大偉業の後、一つの人格として世に誕生する。また母体は出産による体力と気力の空洞を経て、衰えた身心から新しい生命の誕生の喜びと育児の希望に目覚め、立ち直っていくプロセス。指導者は、この生命の神秘を深く理解しなければならない。子供というのは、全く純粋に母親の体質、体力を受け継いで生まれてきている。だからその時のための資質を磨くのが、若い女性達が剣道を行なう上での一つの大きな目的ではないかと思うのである。

今、オリンピックに出場している外国の女性選手を見ても結婚してからさらに強くなってきている。ところが日本は逆だ。女性に対して「世の男よ。もっと解放せよ！」と言いながら、女性が女性自身を厳しい眼で見ているのである。たとえば、「あなたは結婚してもまだそんなことをやっているのか……。年はいくつ？」と逆にその人のやる気を削いでしまっているのが現実である。あのソウルオリンピックで100Ｍ、200Ｍ、そして400Ｍリレーで３つの金メダルを獲得したフローレンス・ジョイナー（米）だって結婚してさらに華麗に飛躍していったのである。

日本では「体育」と言ってもそれは「学校体育」で終わりである。だから高校あるいは大学卒業後は運動不足に陥ってしまい、次第に体力が落ちてくる……。すなわち子供を生み育てる20代中盤から後半にかけての大事な時期、その体力はかなり落ち込んでしまっているわけである。それでは立派な資質を備えた子供も生まれて来ない……。スポーツ界に限らず、ある意味ではそれが日本の弱点ではないかと思うのである。

「そろそろ子供も手がかからなくなったし、何かスポーツでも始めようか……」と言う人が最近、増えて来ているようである。そのこと自体は大変立派なことだが、本当はその時にはもう遅いのである。

しかしそう言ってかたづけてしまっては元も子もない。それらの人も含めて、そういう時に剣道をやりたいという人達の体力に合ったものを剣道の中でいかにして与えられるか……。たとえば大学の体育学部的な発想で指導すると、すぐにつぶれてしまう。その辺り、指導者には応用性あるいは柔軟性というのがまず、必要となってくるであろう。

〝～らしさ〟の忘却

そういう人達を剣道に導いてきたのは、日本の武道の心であろう。すなわち既に述べた竹刀を持つまでの所作の美しさ、いわゆる礼儀作法であり、姿勢の美しさである。その姿勢の美しさというのは、ただ単に眼に映る美しさだけではなく、凛とした雰囲気の中で取り組むことによって生じる、心に映じる美しさという要素も含まれている。

その意味で女性の場合は、試合に勝った負けたということよりも、まず内、外面ともに美しい姿勢を剣道を通じて身につけるということが大切である。それを見た誰もが「あの人のような剣道は私には難しくてとても真似できない。でも……」と夢に描くというか、憧れを持つような剣道、すなわち女性特有の柔らかさとか、キメの細かさを打ち出した剣道というのであろうか。それが清楚端麗であり、貞淑温雅という言葉にも結びつくはずである。そういう言葉が内包された剣風の剣道を我々指導者が育てていけるかどうかである。

とかく現代人は礼儀作法イコール堅苦しさと誤解しがちだが、礼儀作法は生活の中の「坐作進退」（たちいふるまい）の合理的動作であり、他人には所作の美しさとして映るもので、古来、武士階級は「武家諸法度」などの中の「祭り事」に必須の条件であったと考えられるし、商家は商家の「仕来たり」の中での躾として教育されていた。その結果、姿勢に美が表現され、風流で優雅な坐作進退が誕生したと考えられる。

又、先人は「禅」や「茶道」「華道」「書道」「香道」「和歌」「俳諧」にも道を探求し、諸芸の作法をも剣の道に加えていった。風流で風雅な所作は美しい姿勢へとやがてつながり、その源は「腰の坐り」にあると確信したのである。腰の坐りは腰の安定から「心の安定」へと飛躍し、やすらぎの生活へと文化を高めてきた訳である。日本にはこの「やすらぎの文化」という世界に類例のない芸道を生み育てたが、この源は「座の文化」であったのである。この完成された坐作進退は老化を防ぎ、足腰を鍛錬し、腰痛症等を未然に防ぐことにもなったと推察される。先人は剣道にこのすばらしい文化を導入したのに、現代剣道はこの遺産を見落してはいないだろうか。

剣道は男がするものだからと言って、それをそのまま受け入れてはならない。やはり女性らしさがなければならないと思う。私自身も、学生たちには女性らしさのない剣道は戒めている。女性の特徴を十二分に発揮し、しかも男性と対等に剣を交えることができる剣道……。

ところが実際には、男っぽいから、あるいは男の真似をしたから偶然、強かったっていう人が多いのである。若いうちはそれでいいかも知れないが、そういう剣道ではいずれ続かなくなる。そして膝や腰の重大な怪我によって稽古を放棄していった名選手を知っている。そうではなくて、女性の美しさ、柔らかさを打ち出し、表現した剣道で男性をも制してしまうというのであろうか。美しさによって敵意を消滅させる、言い換えるなら、美しさによって男性の気迫を溶解させる。あるいは包み込む……。それを剣道では、気位、気品、あるいは格という言葉に置き換えると理解できるのではないだろうか。すなわちそれが剣道が芸術であることの証明にもなるはずである。

そういう剣道をすると、男性が女性に惹かれるものである。それが相和《あいわ》した剣道、竹刀を通してお互いに語り合う剣道ではないだろうか。そしてそれは先に述べた姿勢の美しさからすべて発生し、伝わってくるのではないかと思うのである。これこそが武道で表現すべき「業前」ではないだろうか。

男性を絵に描く時はあくまでも逞しさを表現するであろうし、女性は優しさ、美しさであろう。何千何百年にわたる歴史が既《すで》に男性あるいは女性の骨格、筋肉を作り上げているわけである。まずその体型・体質が先天的に全く異なるわけであるから、それらが同じような表現で剣道をするということの発想そのものがもう既に狂っているのである。中には男っぽい剣道をする人がいるかも知れない。しかし所詮、知れている。それこそ薬を使用して筋肉をつけるようなことでもしなければダメであろう。

アンドレ・モロアというフランスの作家は「知と愛と生活」の中で『家庭の主婦』について次のように述べている。

「一家を立派に治める婦人はその家の女王であり、大臣である。彼女は夫や子供が仕事ができるようにつとめる。彼らに障害が起こらぬように譲り、寝食万端の世話をする。彼女は大蔵大臣である。そのお陰で一家の経済は均衡を保つ。彼女は文化相である。家なりアパートなり、きちんと整え飾られていたら、それは彼女の努力である。彼女はまた文部大臣でもある。子供を小学校から大学に入れ、成績と教養に対する責任を持つ。一人の婦人が一家を全き小世界にすることができた時には、偉大な政治家が一国を治めた時にも比すべき誇りを感じてよい。（中略）婦人にとっては、ありあまる金をもった家を除いては、安息所というものが無い。彼女の肩には、いつも仕事がかかっている。その上、相当の身だしなみとか、心の修養とかの努力を加えねばならない。実に一刻の暇もない。しかしその報いもあらたかである。わずかな金と多くの勇気があれば、立派な婦人は、数日のうちにあばら家を一変して、最も住み心地のよい場所とすることができる。そこで働くことと愛することとが渾融《こんゆう》している」

この男性は働き、女性は家庭を守り、子供を生み育てるというそれぞれの役割を考えれば、剣道の表現内容も当然、異なってしかるべきであろう。それをあくまでも力で激突しようとすれば、女性は倒され、怪我をしてしまうのが落ちである。もし力で対等に遣っていると思うのなら、それは自惚れであり、男性が遠慮してくれているのである。

女性は年代的に一時中性化する時期がある。小学生の頃は男性よりも女性の方が熟し方が早いから体格も大きいし、体力もある。しかしそれからさらに年齢を重ねるに従って次第に子供を生み育てる体型が整ってくる。大学生でも1年生から4年生までの間にグッと女性らしく変身する。すると元々、男性が行なう競技だからと言って男性と同じように教えている乱暴な指導では4年生になる頃には尻すぼみになってしまう。その結果として大学一～二年生が優勝者となっている証明がある。

「彼女は女になってしまったから勝てなくなった」との指導者の反省の弁を聞くが、考えてみるに不思議な話である。女性が成長するのは当然のことであるのに……。

また、よく3、4年生になると勝てなくなったとか、急激に体力が落ちたと女子学生自身が自覚するようになるのは、男性的な指導法、稽古法に身体が自然と、拒否反応を起こすからである。まだ中性化のうちは、女性ということを無視してやらせると、意外と効果はある。言い換えれば、女性を女性と認めず指導する人の下では、最初は意外と強くなる……。しかし女性化するうちに、その指導者の意気込みとは裏腹に反比例の曲線を描いていくわけである。

かと言って、女性だから優しく指導しなさいと言っているのではない。女性には生理がある。これは女性特有のものであって男性にはとても理解できるものではない。「この頃、ボーッとしているぞ。気合を入れろ！」と乱暴に言ったって、そんな時は気合を入れようとしてもボーッとしてしまうものなのである。本当の意味での指導とはそういう面をも十二分に把握、理解した上で初めて成り立つのではないだろうか。

厳しさにもいろいろあって、女性に対するそれと、男性に対するそれとは微妙にニュアンスが違うものである。それを言葉にして「こうである」とはなかなか説明しにくい。しかし日本には〝感性〟といううまい言葉があって、それらの説明を一手に引き受けてくれる。指導者がどういうイメージを持ってその人に臨んでいくか……。一人一人の個性を尊重するという意味での、与える側と受けとる側の感性の一致が大事なのである。

女性の中にあっても、その個性はさまざまである。攻撃的な子に対しては、ガンガンと打って出てくるところを少々、押えても大丈夫で、その一方で返し技、応じ技を教えてやる。あるいは守備的な子に対しては、引き出して出てくるところ、出てくるところを褒めて積極性を植えつけてやるなどである。ところが十ぱひとからげで、同じような方法で教えるということは、乱暴な指導としか言えないのではないだろうか。

ある有名校の試合を拝見して、先鋒から大将まで全く同じ剣道をサイボーグのようにやっているのには驚いた。これなどは没個性的指導法と言えないだろうか。だから相性のいい相手にはストレート勝ち、しかし相性の悪い剣道に遭遇すると別人のように動きが悪くなって遅れをとってしまう。観戦していて考えさせられてしまった。

よく指導者講習会などで「面ぶとんに当たらなければ面（有効打突）ではない」と耳にするが、それでは身長が150㎝の人が180㎝の人に向かって打ち込んだ場合どうであろう。相当無理な体勢を作らねば面ぶとんには当たらないはずである。すなわちそういう人達のことは全く無視して考えているわけである。

私は面を打つ場合、「相手の面金を打て！」と教えられた。というのは「面というのは相手の額を打つこと」だからで、そうでなければ正しい気剣体の一致など不可能である。もし150㎝の人が180㎝の人に対して面ぶとんを打たなければならないのなら、左手が大きく浮いてしまい、気剣体の不一致となることは言うまでもない。そのことが原因で腰を痛めたりするものだ。結局、指導の中に臨機応変という処置が見当たらないのである。このこととはルールの打突部位の面の有効打突とは、面金ではなく面ぶとんのみであるという規則がおかしいのであって、面金と面ぶとんの両方というのが正しい理解の仕方だと思う。

また、剣先が交わる基本的な一足一刀の間合からドーンと打つ。一般的にこれが最も良い剣道だとされているが、150㎝そこそこの人がその間合から180㎝の人に打っては到底届かない。すなわちその巨人の中間《ちゅうま》がその人にとっての一足一刀の間合なのである。

その人はある先生から「君は一足一刀から打っていないよ」と言われたことがあると聞くが、彼はその先生が言われる剣先のみが交わる一足一刀では物理的に相手に届かない。その先生は175㎝くらいはあるだろうか。つまり自分が運良く打てるから一足一刀と言い、そこから打てない人に対しては「剣道ではない」と言われる。一足一刀の本当の意味はそうではないと思う。時間の間ということは、ここではひとまず度外視して考えるなら、一足一刀とはその人自身が相手の身長、間合等を考え自分十分の間合で打てる距離を言うのではないだろうか。指導者はそういうことに対して敏感でなければならないと思う。ただ注意を要することは、自分十分の打ち間を少しでも遠くから打てるようにする努力は不可欠である。

以上のことを、女性の立場に置き換えてみても同様で、生理の時、指導者はそのことには敏感になっても、休む休まないは最終的には自分自身で判断するのであって無理強いは決してしてはならないということである。

また一方で、女性自身に男性のように豪快に勝ちたいという願望もあるであろう。しかしそれはないものねだりである。そこのところはしっかりと認識しなければならない。すなわち先に述べたように、女性のしなやかさ、柔らかさを生かした指導というのをしなければならないということである。そのためには、まず女性こそが剣道のあらゆる場面における所作が美しくなければならない。男性の〝剛〟の剣道に対して、女性の優雅さの漂った〝柔〟の剣道……。同じ剣道という器の中ででもそれぞれに生きる道があるはずである。

一般的に男性は広い視野を持つけれども（剣道界の現実はそうではないようだが……）、女性の場合は男性に比べてそれは狭いが、鋭さを持っている、と言われている。だから男性に対しては分散したものを一点に集中させるような教育も必要であろうし、一方、女性に対しては、広い視野を持たせる教育も必要だろう。そしてもし女性が剣道に興味を抱いたならば、剣道を通して歴史あるいは政治、経済、さらに文化というものをも教えていく……。

女性には教え、導きたいことが沢山ある。男性は社会の中で精神的に何度も何度ももまれる機会がある。ところが女性の場合は大半が家庭に入ってしまうから、その機会が少ない。その意味で剣道は女性にその機会を与える絶好の場ではないかと思う。

剣道というのは森羅万象、それを通してあらゆることに触れていくことができるものである。それが剣道という一つの文化をより高めていったわけである。その心は残すべきだと思うし、剣道の剣道たる所以はそこのところにあるのではないだろうか。決して道場の建物の中だけの剣道であってはならない。道場を離れた天地自然の中での教育が剣道家の指導の理念に発想として存在しているのだろうか。否である。それでは全く棒振り剣道と言われても、致し方ない訳である。

よく剣道家の中には書道の上手な人が多いと言われる。すなわちその芸域を広くしていくということは、剣道そのものをも深く味わいのあるものに高めていく。そういう特性を剣道は持っているわけである。その意味で剣道は日本の古き、良き文化を次々に学んでゆく根底になるものだと思う。その文化に触れる機会が女性の場合、とくに少ない。だからそういうものから日本の良さを感じとってもらいたいのである。欧米化もいいのだが、やはり日本こそ素晴らしい愛すべき国なのだと再認識してもらわなければ……。

アメリカなどは、どう逆立ちしたって日本の歴史、文化にはかなわない。その意味では彼らこそが我々に対して羨望の眼差しを向けているわけである。ところが戦後、当の本家本元の日本でそういう教育がなされなくなったことに対し、彼らは逆に奇異を感じているのではないであろうか。

それを裏づけるように、日本人は新しいものにはすぐに飛びつく方だから、「あなた、そんなことを言うのはもう遅れているよ」というのが、今では常套語になってきた。古いものの中にこそ、新しいものの原点である「温故知新」の秘密が隠されていることに気がつかないところが、とくに現代の若者には多い。すなわちそれがまちがった意味の欧米化に毒されているということである。繰り返し、何度も言うようだが、それはそれでいいのだが、肝心の日本文化をないがしろにしているところがある。新しいものに魅かれるのも分かるのだが、古いものをたずねることも大切である。稽古という意味の語源は「温故知新」（ふるきをたずね、あたらしきをしる）であるはずだ。そうでなければ、人間的にもバランスがとれないはずである。

そういう面で女性は子供を育てる上において、男親では到底、及びもつかない時間と役割、すなわちスキンシップを持っている。それを活用しきっていない、また活用させていないのである。だからそのことに目覚めるような教育を剣道からする。それが女子剣道の果たすべき大きな役割ではないだろうか。

今、本当の意味での男らしさとか女らしさとかいう〝らしさ〟が少なくなった。逆に〝～らしい〟というと、「あいつは堅い人間だ」「古い人間」だと言って処理されてしまいがちだ。これは非常に危険なことで、たとえば私の学校でも、ある授業で「天皇陛下のお見舞いに記帳に行った者、手を上げてみなさい」と尋ねてみると、二、三人の学生しか手を上げない……。そして次の瞬間、ドッと笑いが起こるという現状である。そのくらい日本の精神的な教育は崩れているのである。昔の国士舘ならまるで反対で、逆にまだ行っていないのかと言って笑われたであろう。部員の強い要望があり、皇居に参内し陛下のご快復を祈念し、記帳に出かけたのである。

その意味で剣道はそんな古《いにしえ》を振り返り、心を浄化してくれる精神教育の場となりうるのである。神棚を祭っている道場の雰囲気など、とくに大事にしてもらいたいものだが、そういう雰囲気作り、教育の場が少ない。剣道界では神殿に対して明確な信念を持たれた先生が居られないのではないだろうか。

戦後、「宗教の自由」によって公共の場から神殿が消え去ったが、これこそ剣道界の不勉強から来た何物でもない。神殿の存在が天地自然に対する、八百万《やおよろず》の神々の日本古来の信仰心と後世渡来した佛教、キリスト教に代表される宗教と混同してしまい、明確な答えが出せず撤去されてしまったのである。剣道からそれを取り除いてしまったら、単に叩き合いで勝った、負けたと一喜一憂するだけで、何の魅力も残らないはずなのであるが、我が一門の神に対する考え方は、「神を祭り、神に仕《つか》え、神の心を我が心としえ世道、人心を正していく」これこそが剣道究極の目標であろう。

ところが試合に出ると、まず「勝ちましたか」と、こう尋ねられる。「いい立会が出来ましたか、どうでしたか」とは聞いてこない。そして「負けたんですか……」イコール短絡的に悪かったという意味にとられてしまう。剣道はそんな浅いものではないと思うのだが、何とも寂しい限りである。

女子剣道の価値観を見出せ

女性が剣道に取り組む環境は、男性のそれ程、恵まれてはいない。また体力的にも体質的にも、男性と同じ年代、たとえば40才代まで同様にそれを養い、維持していけるわけでもない。するとここで段位の問題が浮かび上がってくるわけだが、以上の点をふまえて考えてみる時、同じ年齢で女性に男性に対等に遣えと言うのは、無茶な話である。もし対等に遣おうとするのなら、おそらく男性の3倍も4倍も、いやそれ以上の努力をしなければならないであろう。

しかし先に述べた男女のそれぞれの役割、生活環境の点から言っても、それは到底不可能である。まずもって男性と対等に遣おうとする発想そのものが間違っている。ただここで付け加えて置きたいことは、先に女性の美しさでもって男性を制すると言ったことと、それを誤解してとってもらっては困るということである。もし可能性があるとすれば、まだ若くて、未婚で、さらに素質があって、警視庁の特練にでも入っている人であろう。女性には特練はないであろうが……。そうではなくて一般社会人、あるいは主婦に男性と同じようにやれと言うのは飛躍をさらに通り越した無謀な発想なのである。

だから昇段審査で女性が男性と立会った場合、もし女性に合格点をつけるならば、男性を向こうに回して、よくあそこまで遣った……という考え方が成り立たねばならない。初心者の段階では、男女の差はそれ程ないだろう。基本が出来ていればいいよというくらいである。だけれども四、五段以上になってくると、女性に男性と対等の実力の段を求めるのは、それに取り組む背景あるいは体力的なことから考えても、無茶な話である。今、男女の区別をつけない競技は確かプロのモーターボートと競馬とか聞いている。剣道の審査に芸術点が取り入れられていないのは不思議であると言わざるをえない。

だから剣道で「女性の場合は姿勢態度が優雅で素晴らしいと言う点が80%を占める」、そういう分野を採点してくれるなら、まだその可能性はある。体操などは技術点と芸術点との総合評価だ。

ところが体操界でも日本人の視野の狭さであろうか、芸術的な表現力に欠けている。それが日本の弱点でもある。外国の女子体操選手がいち早くクラシックバレーを取り入れたように、日本の女子体操も日本伝統の舞踊を取り入れ、優雅さで対抗していくならば、いくらでもその方策は考えられるのであるが……。

だからこれまで何度も述べているように、剣道も剣道だけに捉われてはいけないというのは、そこなのである。

たとえば女性の場合は、お茶やお華などを習う機会を設けて、その心を剣道に盛り込んでゆく。するとさらに味が出てくるものだ。私の鶴川道場では女子部員は「お茶、お華、書道」を、男子部員は「書道、相撲道」を剣道と平行して教育しているが、情操教育の効果は覿《てき》面である。そうした上で、女子剣道もそれ独自の風流や優雅さ、柔らかさという点を芸術点として評価すれば、すなわち男性の力強さと対等（匹敵）であるという価値観が生まれてくれば、その光もうっすらと見えてくるのではないであろうか。そしてそれは剣道が芸術、芸道であることの証明にもなるであろう。ところが一足一刀から力強さでド～ンと打つというだけでは、女性の場合の合格率は宝クジに当たるようなものである。

だったら女性には〝女性の段〟をと言うと、「私たちはあくまでも男性と同じ段を望む。女性用の段と言って蔑まれたくない」。そう言って女性自身が意外と納得できないと言うのである。その辺りが発展途上である女子剣道の難しさというか、今後の問題点であろう。

私を含め、この女子剣道については、まだまだ勉強不足の感は否めない。だから女性らしさを無視した剣道をやらせている現場やひどい場合には、女性らしさを剣道でなくしている状況を目撃するわけである。全国優勝の名門女子部員が大会で試合の最中に胡座をかいているのを観て、ぞっとしたものである。作法からして粗雑になっている。結局、それは稽古を行なう以前の礼儀作法が指導されていないということであろう。元を正せば、そこにこそ魅力があったはずなのだが……。もちろんそれは男性にも同様に言えることだが、その分野でむしろ男性に警鐘を鳴らすようであって欲しいと思う。男性と同じ剣道とは言いながら、それこそが女子剣道本来の大きな目標であるとともに、特長づけられることではないだろうか。

女子剣道が盛んになったから、あるいは盛んにするには即、女子剣道大会では少々、芸がないのではないだろうか。勝ち負けを競うことしか、剣道の発展の方法はないのだろうか。そして大会のテーマが勝敗によって決着する方法しかないのだろうか。

試合に勝たなければいけない、男性と同じように、という意識が先行し、また指導者がそれに追いうちをかけるように要求するものだから、そういう問題が起きてくるのである。男性の真似をしたってちっとも魅力は感じないし、やがて続かなくなる時が来るであろう。やはり心技体ともに女性は女性の持ち味でもって純粋に取り組み、人間を、心を磨き、品位を身につけ、そして指導者の方もそれをしっかりと受け止め、認識し、広い視野をもって指導していかなければ、女子剣道の真の〝道〟への軌道修正は益々困難になるばかりである。

第六章　「対談」日本舞踊に学ぶ姿勢

藤間藤子／明治40年東京柳橋に生れる。明治劇壇の雄九世市川団十郎の振付師であった二世藤間勘右衛門の古参門弟藤間勘八の養女となり、幼少より厳しい指導を受ける一方、二世勘右衛門にも師事。大正15年に三世勘右衛門（七世松本幸四郎）より名取を許される。昭和30年芸術祭賞、37年芸術選奨、45年紫綬褒章を受賞。さらに60年4月13日、文化庁から重要無形文化財保持者（人間国宝）の指定を受ける。素踊りで見せる芸の高さ、格の正しさには定評があり、現在、女流舞踊家として第一人者の地位にある。

馬場　日本古来の伝統芸能である日本舞踊は生身の肉体を素材とし、流動的であり、かつ瞬間的な芸術と言われます。また観客を意識し、写実的な生活描写をふくらませて美しく感動させるその姿は、歌舞伎の芸術論で基本とされる「虚実皮膜」の実証であることに他ならないと伺っております。

その意味で動きの美を追い求める我々が行なう剣道も、日本舞踊から学ぶべき点が沢山あるのではないかと思うのです。すなわち〝姿勢〟という問題はどの〝道〟の修行においても非常に大事な要素である……。実際に剣道も「礼に始まって礼に終わる」と言われています。ところが剣道にはその中間に勝負という要素も多分に含まれています。つまり勝ちにこだわるところもありながら、姿勢を崩さずに動こうとする。しかし姿勢を正しくすれば、果たして勝つのか……。姿勢が悪くても勝つではないかという考え方もあって、我々は心の中でいつも葛藤を繰り返しています。そしてある程度の段階までくると、欲張りですが、自分の追い求める正しい姿勢でもって相手と戦いたい。それが一番正しい方法ではないかと証明したいのです。

今、剣道界ではスポーツ化の波が押し寄せ、一つの岐路に立たされている状況です。とくに若い人たちはスポーツ競技としてのみ捉えている傾向が強くなっているようですが、果たしてスポーツとしての良さだけでは行き詰ってしまいます。本来の武道としての良さが当然あるわけですから、そのことを疎かにしてスポーツという考えのみで捉えていると、結局、試合ということだけになってしまいます。すると、姿勢という問題は言うに及ばず、剣道で最も大事な精神面、すなわち自分自身を見つめるという勉強（姿勢）が次第に見失われて、相手にいかにして勝つかということばかりにこだわってしまう……。結局、本当の意味での修行が疎かになってくるのです。

我々はそのことの危機感を肌で感じるものですから、是非、先生のお力もお借りして、この機会に今一度、原点に立ち帰ってみたいと思うのです。

一口に姿勢と申しましても、その意味はとても幅広いと思います。外側から見た我々の眼に映じる姿、すなわち構え（フォーム）、あるいは立居振舞い、礼儀作法の時の動作、また内側からにじみ出てくる心懸けという意味の姿勢など……。しかし考えてみると、それらはすべて最後に述べた心の姿勢が伴った上で成立するものだと思うのです。

よく剣道を行なうと、姿勢が良くなると言われます。しかしそれはやはり心懸けなければ、決して良くならないと思うのですが、その点、日本舞踊の方は如何でしょうか。

普段の心懸けが心身ともに正しい姿勢をつくる

藤間　やはり同じことでございます。私なんぞ、小さい時から母親に「お行儀悪くしてはいけません。ちゃんと姿勢を正して！」という言葉でよくたしなめられたものでございます。ということは、お行儀見習いの一つとしての言葉なんでございますね。踊りの方では小さい方が入門しますと、その日からお辞儀のお稽古をさせます。舞踊でございますから、まずお扇子を持たせまして、それを前に置きまして、両手をついてゆっくりとお辞儀をさせるのです。それから稽古に入ることになっております。実際の踊りの方はだんだんに教えなければ、まだ小さな間は思うようにはできませんけれどもお辞儀はできるようになります。しかし大人になってくると、ご自分の態度としての姿勢に、先程おっしゃいました心の姿勢が大きく加味されてまいります。

踊りの役といたしましては、子供の役から娘の役、中年の役、優しい男形からいかめしい立役までさまざまです。たとえば『浦島』という踊りになりますと、ご存知の通り、最初は頭の黒々とした若い男ですけれど、竜宮城からもらってきた玉手箱を開けますと、煙が出てきて次の場面では頭が真っ白なおじいさんに変身するわけです。すると年齢が大きく飛躍して、先程までに演じていた若い男から今度はおじいさんを演じなければならない……。それにはやはり心がしっかりしていなければ、その役になりきることはできません。

馬場　なるほど。

藤間　しかしどの〝道〟の修行でも、ご立派に取り組んで居られる方にお目にかかりますと、お年をとられてもみんな姿勢が良く、あまりお背中の丸い方は少のうございますね。仮りにお背中が丸くても、心の姿勢はきちんと持っていらっしゃいます。

馬場　そうですね。何か気概というものを感じます。

藤間　そうだと思うんです。どなたにしても普段とよそ行きとあるものですからね。初めてお目にかかる時はいくらか気取りもありますから、やはり姿勢も正しくなります。しかしその分野、その分野でご研究、ご精進なされている方は、相当なご苦労もなされているわけでございましょうから、普段とよそ行きの区別なく自然に姿勢も良くなるのでしょうね。
剣道の方でも今、おっしゃったように、ただ勝てばいいというのではなくて、正しい心懸けで取り組むことによって、形《かたち》の姿勢も良くなるのでございましょうね。踊りはあくまでも個々の芸を見せるものですが、二人立で踊るもの（相方物）もございます。剣道もお二人。その場合、相手とちょうど同じようなことをしなければならないわけです。すると相手がそれ程でない方の真似をする必要はないんですけれども、これみよがしに一方の気分が違うと、それはもうすぐに表われます。二人で踊っているけども「私の方も見てくれ」みたいじゃいけませんね。剣道もその辺り同じではないかと思うのですが……。

馬場　そうですね。剣道もさまざまな大会がありますけれども、いい内容の試合というのはやはり両方の選手が良くなければダメなんです。どんなに一方が良くても、相手に恵まれなかったり、あるいは相手を無視してパンと打ってしまうと、その内容は非常に薄いものになってしまいます。
剣道では年に一回、五月の連休の時に、京都剣道祭という高段者の大会があります。これはトーナメント方式で優勝者を争うというものではなく、ただ一度の立会に、その一年間の修行の成果を演じてみせるというものです。剣道が救われるなと思うのは、まだそういう大会が存在することにあります。しかしそれら二日間（教士七段〜範士九段）のうちに行なわれる約750組の立会を観ても、両方の先生方が相和して素晴しい内容、あるいは感銘を受けたという立会は最近、非常に少なくなりました。

藤間　そうですか……。

馬場　かつて私たちが学生の頃には、人垣の中からもう息も切れず、足が棒になっているのも忘れさせる立会が何組もあったものです。ところが先程、申し上げましたように、昨今の試合内容はというと、どうしても争うことのみに終始し、その立会でこういうところを表現したいという何かこう訴えるものが少なくなったような気がします。

そこにはやはり、普段の稽古に取り組む姿勢という問題が大きくクローズアップされてくるのでしょうね。私は剣道家の中で、体格の非常に小さな方なものですから、師匠から「身体の小さなものは、背筋を伸ばして、相手に大きく見せるように。それには気魄と姿勢と間合だ」とよく言われたものです。また子供の頃からよく「加賀百万石のごとくあれ、足軽剣道ではいけない」と教えられ、「足軽剣道って何ですか」と聞くと「おまえみたいな剣道を言うんだよ」とよく戒められたものです（笑）。

藤間　やはり同じでございますね（笑）。

形ばかりにこだわってはならない

馬場　また剣道の中には、居合道という道もございます。これは一人一人全く同じようなことをやっているようですが、自分がどういう敵と戦っているかという仮想している敵によって見栄えが全く違うと言われています。すなわち形のみにこだわって鏡ばかり見て、一所懸命にやっていますと、心が失われて相手がいなくなってしまう。踊りの方もおそらく同様のことが言えるのではないかと思うのですが……。

藤間　大いに言えますね。御祝儀踊りになりますと、居合と同じように紋付を着て、お扇子一本で踊りますんですよ。そのお扇子がある時には花びらになったり、煙管《きせる》になったり、また舟の艪になりましたり、あらゆるものに変化していきます。ところが今の若い方は、たとえば煙管をご存知ない方が多いものですから、がん首が下に向いていたって平気ですし、……（笑）。面白いようにお思いになるでしょうけども、昔と今とでは全く生活様式が違いますしね。

馬場　江戸時代の生活描写でしょうから、現代人がそれを舞踊で表現するとなると、まずその時代背景を理解しておかなければならない……。改めて伝統の重みを感じますね。

藤間　そして舞踊では目が利かなければなりません。山を見たら山でなければいけませんし、袖で雨や雪、あるいは花びらをよけたりする「振り」一つをとってもみんな違うわけです。その感じを出すわけです。また後ろを向きました時は何をしているか分かるようでなければなりません。やはり今のお説のように、海の遠く向こうに舟が何艘か浮かんでいて、それこそ日照でその舟が見えないような時には、少し動くなどしてあそこに見えるとか、みなさんにお分かりいただけるようになるまでが大変でございます。

また大名などになりますと、ただ上手だけではいけないんです。やはり大らかで品がなければなりませんし、太郎冠者などになりますと、大名と同じというわけにはまいりません。

馬場　そうですね。

藤間　やはり踊りにはいろいろな役がございますから、それなりの役をこれみよがしでなく、それらしく見せるということは実に大変なことでございます。今、おばあさんだからと言って、腰が丸くなっていましても、クルッと回れば、次の瞬間にはピリッと背筋の伸びた大きな踊りも踊らなければなりません。ある時は、刀をサッと抜いて立ち会うという振りもございますれば、おっしゃる通り、その相手がどういう相手なのかが、分からなければいけませんしね。

馬場　姿、形だけは真似できるかも知れませんが、そのものになりきるにはやはり心からなりきるということが大切なのでしょうね。そうでなければ、ただ上手いというだけで見ている人を感動させる踊りは生まれてこない……。すなわち本当に心を打たれ、感動し、さらに後々まで心に残るような踊りというのは、やはりそれ相当の修行、研究、経験を積まないと、味わいとして表現されないのでしょうね。その意味ではやはり数をかけるということも必要でしょうね。

藤間　そうです。普段の勉強がやはり大事です。それからまた何かの会に出演致します時にはとくにやかましく稽古も致します。またそういう時が随分と勉強になるわけです。よそ様もお出になりますからね。みな出会いです。しかしよそ様より決して、上手に踊らせようという考えは頭にありません。その段階でその人なりの踊りが踊れたならそれでいいわけです。出るごとに少しずつ向上してくることは確かですから……。また身につける衣裳などの心得も出てきます。さらにその方がお師匠さんであれば、自分の会の時の参考にもなりますし、自分がやっていれば、人様にも教えられます。心得を深く教えられるわけです。

馬場 剣道ではとくに私たちが指導していますと、よく「子供に学べ」と言うんです。上手《うわて》には機会を求めれば誰でも勉強することはできます。ところが下手《したて》のものに学ぶということも大切だと思うのです。とくに子供の自由な動き、こだわらないで無理なく竹刀を振る様、足捌きというのは大事にしたいと思っています。年をとってくると、どうしてもこだわった動きをしますから、足がからんだりして無理が生じてくるんです。

藤間 そうでございましょうね。基本をお稽古致しますと、子役も教えなければなりません。ですから子役なんぞになりますと、普段からよく子供の動作を見ておくことも必要です。子供がませちゃったらいけませんからね（笑）。しかし踊りの作品というのは数多くありますから、覚える方もなかなか大変でございます。けれども一所懸命であれば必ず覚えられると思います。覚えてから上手になって欲しいと思うんです。

馬場 その人の個性がまた出てきますしね。

藤間 初めから無理に自分の思い通りにさせるというのも考えものなんです。まず基本をしっかりと身につけ、それを覚えた人がさらに稽古を積んでその人なりの味が自然に出るということが、教える上では大切ではないでしょうか。

馬場 そうですね。個性というのはしっかりした基本があってのことです。

藤間　そうです。それがなければ我流になります。基本がなければ、四角いままになったり、まっすぐのままになったり致しますからね。

馬場　その意味で先生が先程、「目が利かなければ……」とおっしゃいましたが、それもまた個性を生み出す点で非常に難しい問題であると言えるでしょうね。剣道でも目付けは非常に大事であり、それによってその人の品格も同時に備わってくると思うのです。私たちが学生を指導していて、難しいと思うことは、その学生の品格をいかにして上げるかということです。姿勢という中には品格という要素が多分に盛られていると思うのですが、それをいかにして身につけさせるか、常に試行錯誤を繰り返しているのです。その人の生い立ちなどでも影響してくるでしょうか……。

藤間　いえ、たとえお育ちが良くって品のいい方でありましても、初心の段階では品も何もあったものではありません。やっと手足が動く程度で、お人形さんみたいなものです。それがだんだんに勉強してきて、少し踊れるようになりますと、その人なりの味が出てまいります。もちろんそこまでになるには何年もかかりますが……。とにかく教える方も教わる方もお互いが一所懸命、汗を流し、だんだんに上手くなってきますと、普段の行ない、あるいは人様に対する態度も少しずつ変わってくるようです。踊りを教えていますと、とくにお子さんなどはどういう性質であるかよく分かりますから……。

馬場　それは私たちが学生を指導していても感じることです。

藤間　その意味でまず取り組む姿勢というのが大事でございます。やはり気持ちが入っていないとそのものにはなり切れません。

天地自然を師として学べ

馬場　たとえば自然のさまざまな情景を表現する振りなど、先生から一応の説明は受けると思うのですが、「あなたのは大波ではなくてさざ波よ」と言われて、「実はそんな状態の時の海を見たことがないから分からない……」。そのような場合の指導はどうされているのでしょうか。

藤間　海も朝と昼と夕とそれぞれ違います。また風によって静かに揺れる波と、嵐の時の岩に激しくぶつかってゆく荒い波もあります。ですから、踊りの人は日がな一日、いずれにしても勉強なんです。雪にしても何か白いものが降ってきたからよけるんだみたいな顔になってしまっては困ります。そうすると様にならない。やはり寒い思い入れをした上で、チラチラ雪をよける振り、あるいは大変な雪をよける振りもあるわけですから、何げなく見過しがちですが、実は自然の勉強ほど大切なものはないのでございます。

馬場　私たちが一統一派を築いた先人の書物を読んだりすると、最後はやはり「天地自然を師として学べ」という意味の話が随所に出てくるんです。ですから最後は人との戦いではなくなってきて、日本の四季との関わり合いになってくる……。今、私たちが心配している楽しいスポーツとしての剣道と、かつて心の修行をしてきた武道との分れ道はその辺りにあると思うのです。戦いの中でも、侍は平常心ということを非常に大事にしていました。スポーツには楽しく取り組めるという良さがありますが、自分の心の中を見つめるとか、心が洗われるようなものはありません。

藤間 そうでございますね。

馬場 私どもが試合に敗れた時のことを今一度、反省してみると、平常心が完全に失われてしまっています。そういう人間の弱さを克服するには、大自然を師として学ぶということを力説している部分が多いようです。今、先生のお話を伺っても、見るもの聞くものすべて普段からの心懸けがやはり大事なようですね。

藤間 とにかく先にも申しました通り、一所懸命に努力、研究する人というのは、自然に姿勢も正しくなると思うんです。ですから私たちもお弟子に教える時は、一所懸命に教えなければなりません。ただこの頃は昔のようにあまり荒事では教えられません。昔はなかなかでしたが、今は時代も違いますからね（笑）。それもあってか、その役の姿勢をつかむまでがなかなか大変でございます。

馬場 剣道も次第に国際的になってきて、本当は外国の人も日本古来の伝統に魅かれて学びたいと思って来ているのに、当の日本人がスポーツ風に教えた方が分かり易いだろうという危険性も秘めています。それでは全く柔道と同じ道を辿ることになってしまいます。だからこそ私たちはその道に関することはもちろんのこと、その他の日本古来のものをも真剣に学んでいかなければならない。そうでないと外国の人に質問されてしどろもどろになってしまうようなことになってしまいます。

いや、却って外国人の方が時代考証など真剣に勉強されている状況です。
またもののあわれとか美的な感覚というのが、現代の日本人には次第に薄れつつあると言われています。桜の花の散るのを見て、何も感じないという人もいますし……。現実に外国には花見の習慣はないそうです。が、日本人もやがてそうなり兼ねません。ですから剣道にはそういうものも勉強していく道があるのだから大いに活用すべきだと思うのですが……。

藤間　踊りの方も今、おっしゃったような方に傾きつつあるんです。昨今では新しいものを、と創作舞踊をお目にかける時代になっております。すると古典舞踊になりますと、何か古めかしいという気持ちを持っている方もおられるようです。もったいないことだと思うんです。でも今のお話しのように、私どもは日本古来の伝統ある踊りは残しておきたいと思い、みなさんに教えているわけでございます。
また外国からご依頼がありますと、日本古来のものでは分からないんじゃないかという説がありまして、いろいろ考えているようでございますけども、意外に外国の方がおみえになると、日本の古典を大切にご覧になって下さって、面白い、大したことだと褒めていただいております。ですから何だか反対みたいに思いますけれども……（笑）。

馬場　日本古来の良き文化であるわけですから、そこに魅かれるのでしょうね。それが現代風に変わってしまったのでは、魅力は半減してしまいます。ところが当の日本人自身が逆に欧米化の影響で「古くさい」という一言で片付けてしまっている……。

藤間　もったいないことだと思いますね。

馬場　「古いんだよ」という言葉が悪い意味に使われる場合が多くなりましたね。

藤間　やはりその人その人の気持ちでございますね。この頃は外国へ行かれる方が多いようですから、だんだんそういう流れ、風潮になったんでございましょうね。

馬場　それだと逆に外国人から軽べつされてしまいます。ですから先生方がしっかり古典をお守りになっていらっしゃることは非常に大事なことだと思います。そうでなければ日本から消えてしまいます。誰かが守らなければ……。

藤間　世界に日本しかないものですからね。大事に守らなければ……。

馬場　剣道も誰かが守っていかなければ、益々変な方向に流れていってしまいます。我々もそのことを十二分に肝に銘じておかなければならないと思います。

芸の醍醐味

馬場　「礼に始まって礼に終わる」。剣道というのはとくに礼儀作法を大切にしなければならないということは、既に述べた通りです。が、私どもはそれにもう一つ「礼をもって行なう」ということも忘れてはならないと思うのです。ところが剣道家というのはその言葉をうのみにし、礼に始まって礼に終われば、中味はけんか腰でもいいではないかという錯覚を起こしてしまっている時があるんです。先生のお話をお伺いしますと、やはり師弟間の礼儀作法だけでなく、そのふりの中一つ一つにも思いやりとか、もののあわれということが感じられます。

藤間　さようでございますか。しかし先生のおっしゃるように勝ったから嬉しくて、負けたから悔しくってだけじゃダメですね。やはり相手のことも考えなければ……。

馬場　結局、飽きがくるんです。剣道には当たり盛りという時期があります。かつて私たちも学生の頃、この先生が有名とは思えないという程、そんなに苦労しなくても当たるという時代がありました。剣道では〝先輩を越すは易し、されど後輩に越されざるは難し〟という言葉があります。人間は年を重ねるにつれ、次第に体力、スピードが衰えてきます。その時に自分の剣道をどう表現するかということが、私たちにとって一番大事なことではないかと思うのです。それができなければ引退せざるを得ない。それでは他のスポーツと何ら変わりません。柔道でももう30歳を過ぎると引退です。幸いにして剣道では我々の年代で、まだ鼻たれ小僧と言われているものですから、救われています（笑）。しかし現在のように勝負にこだわり始めると、剣道も引退せざるを得ないようになるかも知れません。いや、実際問題としてそういった悲しき現実も生まれてきつつあるようです。

そういう点で先生の踊りなどは、50代だろうと60代だろうと、どんなに脂がのっていようと、どうしようもないというところがございますよね。年輪と申しますか、日々の修錬によって育まれた味わい、深さ、色、においというのは、誰が真似をしようと思ってもできるものではありません。それが芸道の素晴しさであり、その過程こそが非常に大事なことだと思います。

藤間　しかし年をとってまいりますと、やはり足がもどかしくなりますから、いろいろと工夫もしなければなりません。若々しく見せるには大変でございます（笑）。

馬場　つい先日、教育テレビの『芸能花舞台』を拝見させていただきました。舞台が終わりまして、NHKの笠井アナウンサーが「舞台の時の先生と、今お話しを伺っている先生とでは、まるで別人ではないかと思う」という意味の表現をされていましたが、まさにその通りだと思いました。剣道の方でも数少ないんですが、60代、70代あるいは80代の先生方に対して、当たりはしてもどうしても打った気がしない。押されているなぁというか、争い事の気持ちがだんだん消滅し、こちらが意気込んで向っていったにもかかわらず、やはり教わるという気持ちにならざるを得ない先生が、まだ僅かにおられます。それが芸であり、剣道の極意に結びついてくるのではないかという気がするのです。

藤間　しかしそれにはご自分がある程度におなりにならないと、そういうご苦労をなさったご立派な先生方の心もお分かりにならないのではないでしょうか。

馬場　若い当り盛りの頃にはスピードと体力で当たるを幸いとばかりだから、天狗になる時期があります。しかしその思い込みが強烈でないと、また逆に進めないような気もするんです。

藤間　それもそうでございましょうね。私どもの方でも若い方はガムシャラに踊ります。そういう一所懸命な時代も必要なんです。それからまた上っていらっしゃるわけですからね。見れば上手ですけれども、もっと年をとればまたいくらか違ってくる踊りが出来るんじゃないかなと思う楽しみな人もいます。ですからそういう今、先生がおっしゃったようなお話も必要なんですよね。

指導者も親も本人も我慢が大事、基本にまさる武器はなし

馬場　剣道では一本でパーンと相手の面を打っていく面打ちが、一番大事であるとされています。すなわち相手の面を打つということは、人間の最大の急所を打つということであり、生命を一刀両断に絶つということにもなります。この面打ちができなければ、その人の剣道は本物ではないと言われています。踊りで言えば、一つの基本です。その基本を大学までにしっかり身につけるということが、最も大事なことです。ところが上手くなる過程において、剣道では相手に打たれるのが非常に嫌なわけです。打たれたくない……。だから他の小さな技にこだわってしまうんです。すると枝葉ばかりで、肝心の幹が育たない……。しかし将来、本当に大きくなる人というのは、他の小さなことにはこだわらないと申しますが、また指導者の側からすれば、忘れさせる、捨てさせることが大事ではないでしょうか。ですからそういう指導論を持った師に巡り合えた方というのは、本当に幸運だと思いますね。

藤間　踊りの方も最初に基本をしっかり教えてもらっていない人は、奥へ行ってもご本人が不自由

を感じます。いや、感じない方もいるかも知れませんが、周りで見ておりましてあの方はもう少し、基本が出来ていれば、もっと丸みが出てくるのにとか思うことはございます。やはり何でも基本ですね。

馬場　基本を外れると、物が見えなくなってくるようですね。剣道をするにしても何にしても……。とくにスランプに陥った時など、まん中がないから、今、自分は右に外れたのか、左に外れたのか分からなくて、なかなかそれから抜け出せない人が多いようです。素質のあり過ぎる人ほど、どうもそれに陥る可能性が高いようですね。そこに一生涯の師匠が必要となるわけです。

藤間　同じようでございますが、踊りの場合は、今申し上げたように周りでいろいろと噂はするかも知れませんが、本人自身は落ち転びが分からない……。分からないだけに、また分からないままに進んじゃうんですね。それがまた危険なんです。

馬場　話は前後しますが、昨今では高校生くらいで既に出来上ってしまう剣道を目指す若い先生が結構いるんです。要するに指導者の方が高校までに勝たせたいという気持ちが先行してしまい、枝葉をつけてしまう……。ですから私たちが高校から上ってきた選手を見ると、この選手は大器だなぁ、将来の剣道界を背負って立つのではないかという子が少なくなりました。早く作ってしまおうとする。早く上手くなろうとするというのでしょうか。すなわち変に完成されていて上手過ぎるんです。器用と申しますか……。

藤間　やっぱりねぇ。よく分かります（笑）。指導する側もされる側も我慢できないんでございますね。踊りの方は剣道と違って勝ったり負けたりというのがはっきり致しませんが、たとえば二人で踊っていますと、先程申し上げたようにみんな「自分の方が上手い」と思っているようでございます（笑）。

馬場　剣道も同じです。「自分の方が上だ」と思っています（笑）。ある意味でうぬぼれの競技ですから……。

藤間　ご両親などもある会にお嬢さんがお出になるのをご覧になると、上手い、まずいが多少お分かりになるお宅もあるんですけれども、そちらでいう言葉は、まずいとお分かりになった時には「うちの子は先生がもっとよく教えて下されば、本当はもっと上手いんです」って言われるかと思うと、満足に踊れた時は「うちの子は天才ですから」と、天才で済んじゃうんです（笑）。お師匠さんの骨折りはちっとも認めてもらえないみたいですよ（笑）。ですからお師匠さんというのは、お弟子が上手に踊れたらそのお弟子が天才で、まずければお師匠さんが悪いということになる……。困ったものだと思います（笑）。

馬場　今は勉学と躾の問題が学校と家庭でもちぐはぐになっているようです。というのは家庭が学校に望むことは「もっと躾を厳しくしてもらいたい」と注文し、学校の方は家庭に「お宅のお子さんは勉強が足りないから塾へでも行かせなさい」という……。まるで逆ですよね（笑）。しかしながらそのお互いがまるで逆のことを言っているのに気がつかない現実なんです。

藤間　お子さんがあまりにかわいいから、学校にもいろいろ抗議をおっしゃる方があるんでしょうけども、何かちょっと不思議なように思います。

馬場　日本では今、子供は子供らしさとか、男の子は男らしさ、また女の子は女らしさという〝～らしい〟という接尾語がつかわれる機会がめっきり少なくなったような気がします。それはやはり世の中が早いスピードで動き始めたことの一つの弊害ではないかと思います。するとそれに引きづられて、指導者も親も覚えの遅い子に対して、ダメな子というレッテルを貼ってしまう恐れがあります。

藤間　私なんか、こう思うんですよ。覚えが悪くても追ってだんだんと年が経てば、これがあべこべになることも往々にしてございますからね。私自身、諦めないことにしているんです。気長に教えています。

馬場　先程、先生が言われたように、お師匠さんの方が我慢をするわけですね。

藤間　はい、我慢をするんです。昔だったら大変でしたけれど……（笑）。今は大人しくなりました。また親ごさんの方も、なかなか我慢ができないようでございます。ですから今は「とにかく連れていらっしゃい」と言っている例もあるんです。

馬場　剣道の極意書の中にも、要領のいい覚えるのが早い人はややもすると、慢心してすぐに忘れてしまい、我流に走りがちだが、不器用で覚えるのに時間のかかる人は、一度覚えたら忘れないという意味のことを言われています。

藤間　それは確かにありますね。そういった例は沢山ございます。

馬場　ですから剣道でもそういうことで親ごさんが悩んでいる時は「ご両親が諦めてどうするんですか。彼は覚えるスピードが遅いだけで、これを覚えて身につけたら絶対に実力を発揮する。それが彼の持ち味です。それはそうと、お父さん、お母さんは覚えが早かったのですか」と聞くんです。それすると「遅い」って言われる（笑）。「それでは子供にあまり過剰な期待をしてもダメですよ」と（笑）。

藤間　そうですよね、全く……（笑）。私も先生に習ってそう言いましょう（笑）。今は小さなお子さんもみえていますけど、やはり同じものを教えていますと、どんどん覚えてちゃんと踊れるお嬢ちゃんもいれば、周りの人が思わず目を下に降ろすような、なかなか覚えられないで困ったような顔をするお嬢ちゃんもいます。でもそのうちに必ずってことでお教えしています。女形を教えているのに、男もそっちのけみたいな踊りをしても、最初は我慢しています。覚えたって、覚えなくたって小さい間はもうかわいらしいですからね。

馬場　なるほど。

藤間　でも小さい方は別として、専門家になる方、大人の方はそうはいきません。やはりはっきりと納得のゆくまで教えます。またみんなも必死に覚えようとします。それでもやはり性質が違って面白いところがございます。

馬場　今は、先生のようにその人の性質をみて、指導するというよりも、学校などでもまとめて教育する傾向にあるようです。その意味で舞踊の場合は、師匠から弟子へ一対一の肌ざわりの中で教え、教えられていることは今の世の中にあって非常に稀少価値のように思います。剣道もその点を深く学びとらなければならないと思います。

藤間　私たちも何かっていう時には、大勢で一緒に踊ります場合もございますけれども、学校のように大勢さんではありません。すると時間は随分かかりますけれども、それでも私どもは一人一人お教えしております。東京に住んでいらっしゃる方でも相当、遠くからもみえられますし、その往復のことを考えますと、こちらも相手の納得のいくようにきちんと言葉で説明して教えてあげなければいけないと思いますね。

馬場　そうでしょうね。ところが昨今の世相を反映してか、教わる方もたとえば今の学生はとても真面目で、稽古をさぼったりしません。だけれどもそれ以上のことをしようともしないんです。それ以下ももちろんありません。ちょうど中間層的なところなんです。ですから大物がでないというのか、素質が磨かれるっていうことが少ないんでしょうね。私たちの頃は逆にさぼったり、逃げ回ってたりしていました（笑）。しかし熱中すると、そのことをものにしようと思って隠れてでも取り組んだものです。好きだから、とくに……。しかし今はたとえ好きでも、それ以上のことはやろうとはしません。稽古の時間だけです。

藤間　私の方でも、ある方は家に帰ってもう一度、おさらいをし、明日行ったらそこをちゃんと踊ってもっと先を習おうとする意気込みのある方と、一方では今日習ったところをさらいもしないで、あくる日来る方もおられます。すると、またその日にお教えしてあげなければならないわけです。自分自身がそれだけ他の人より遅くなるんですから、ちゃんとさらったらよさそうに思いますけれども……。私たちの若い時代には夜分になってからでもきちんと頭に入るまでさらったものでございます。ですけれども今はそういうことをする方は大勢さんの中でほんの僅かですね。

馬場　私は学生に「好きなことに時間はない」とよく話すんです。ところが今の学生たちは「本当に好きか」と尋ねると、「一応、好きです」「それじゃ時間がないだろう。やっているうちに時間の経つのを忘れてしまうだろう」と言うと、「そんなことはありません」と答えるんです（笑）。

藤間　そうですか（笑）。なんだかお勤めみたいですね。

馬場　授業でこっちが熱中して時間の経過を忘れてやっていると、学生の方が「先生、そろそろ時間のようですけど……」と言うんです。教わる方が教える方に時間を催促している……（笑）。なかなか冷静です。そういう面で今の学生は非常にクールと申しますか……。

藤間　私どもの方でも、稽古で「まだあなたは覚えていない、もう一遍やってみなさい！」と言って厳しく覚えるまでやらせて、少々落ち込んだかなと思うと、そうじゃない。稽古が終わったらもうさっきのことは忘れて急に元気になって「お疲れ様！」と（笑）。そんな時代です。

馬場　やはり子供の頃から、学校の時間、塾の時間と追われ続けてきたせいか、そういうことに目ざといのでしょうね。

藤間　今は幼稚園にいらっしゃるのも大変なようでございますからね。ですからよっぽど学問が立派におなりになるんでしょうけれども……（笑）。しかしそんな時代だからこそ、本当に一つのことを真剣に、また日本の心を一所懸命に勉強なさっている方は、それこそ姿勢正しく世の中もどんどんお歩きになられるのではないでしょうか。私どももそういうことを願って日々、稽古に励んでおります。

◉

馬場　しかしながらこうして先生のお話をお聞きすると、剣道もやはりさまざまな芸の道を勉強していかなければならないと思います。ところがその道を長く続けていくと、どうもそれだけにこだわってしまって、道に修行を積んでいると言いながら、その実、視野の狭い人間を育てているという弊害がなきにしもあらずです。また正しく前に進んでいると思っていたところが、脇道へそれていたという危険も感じているんです。「剣道は芸道、芸術ではない」と言われる方もおられますし、その人が自分の人生の中でさまざまなことを学び、培ってきた方法とか、考え方によって、剣道界もいろいろと揺れ動いているのが実情です。しかし先生のお話を伺って、やはり剣道は言動だけでは進めない。日本の伝統の芸能というのは沢山あるのだから、それをも知らなければ、結果的に剣道そのものも分からないのだということを改めて痛感しました。

今回はたまたま、私がまだ役不足ですが、恥をしのんで、こうして先生とお話させていただく光栄に浴し、本当に沢山のことを勉強させていただきました。

藤間　いえいえ、私の方こそ、お目にかかれて本当に良いお話を伺ってしあわせでございました。

馬場　とんでもございません。長時間にわたり、お時間を割いていただきまして本当にありがとうございました。

藤間　どう致しまして。失礼致しました。

第七章　平成元年に思う

歪められつつある日本文化

一月七日早朝、昭和天皇が崩御され、天皇陛下在位の六十二年と十四日の激動の〝昭和〟が幕を閉じた。そしてこの一つの時代の終焉とともに第百二十五代の新天皇の即位により、「昭和」は「平成」に改元された。

新元号「平成」は、史記の「内平かに外成る」と書経の「地平かに天成る」から取られたと言われる。〈※元号／日本では六四五年の「大化」が始めとされる。古くは天災・事変・祥瑞・即位などによって年号を改めたが、明治以後一世一元とされた。現在は一九七九年（昭和五四）公布の元号法により皇位の継承があった場合に限り元号を改めると規定されている〉

だからこの機会にこそ、我々剣道家は剣道も含めた日本の〝伝統〟というものの重みを今一度、問い直し、反省してみる絶好の時機ではないかと思う。言い換えるならば、これから21世紀に向って日本はどういうふうに進んでいくのか、あるいはそれに価値観をつけるのなら、どんなものなのかを再考すべき時機ではないかと思うのである。そうすることは、ある意味で我々が天皇像をどう捉えるかということにも必然的に結びつくのではないだろうか。

すなわち今、我々日本人が真の日本人としての姿、心を試されている時ではないかということである。とくに剣道家は剣道という伝統あるものに取り組み、それを糧に人間を形成していこうとしているわけだから、その回答を打ち出していくのは、我々にとって当然の使命ではないかと思うのである。

ところが、剣道界は年々隆盛の一途を辿っていると言われながら実は、今の時代の剣道家が剣道の歴史の中で最も評価を受けていないように感じるのは私一人だけではないだろう。言い換えるなら、剣道の世界から離れたところで剣道人が評価を受けていないように思うのである。

剣道界の中だけで、やれ大会で勝った、負けた、あるいは昇段審査で受かった、落ちた……という現実を見ると、ある意味ではスポーツ以下と言えなくもない。

剣道の最高位は十段だが、それでは剣道十段の価値とは何かと考えてみると、剣道の単なる十段ではないはずである。やはり国民としての見識の広さがあってこそであろう。すなわち、ただ単に剣道界に尽くしただけではダメだと思うのである。剣道界に尽くすのは当たり前。剣道を通して社会の中でどのくらい貢献できたか、そういうものであって欲しいと思うのである。

小川金之助、斎村五郎、持田盛二、さらに大麻勇次らの各十段位の先人がいずれも紫綬褒章（政府より学問、芸術の上で功績のあった人に与えられる紫色のリボンの付いた記章）を国家より剣道界を代表して戴いたのだから、先人は現代人より偉大で社会に対する貢献度は高かったわけである。現代では舞踊の人間国宝は存在しても、剣道界の人間国宝は不可能なのであろうか。剣道連盟を中枢とする剣道界全体が、この事を真剣に考え、建設的な意見はたとえそれが批判的なものであっても正しく受け入れ、又、高段者の勇気を持って連盟に対して具申しなければ、剣道は世間に認められない小さな世界になっていくであろう。

1月14日、15日に行なわれた正力松太郎杯国際学生柔道大会を観戦していると、柔道はもう完璧にスポーツだなと感じたものである。選手の柔道着の上着（ユニフォーム）はキルティング加工されたもので、背中には〝JAPAN〟という文字が入っている。しかし彼らはそれを何の違和感もなく受け止めている。

またテレビを見ていると、解説者が「あの監督は今はまだ1、2回戦だから燃えていませんが、上位に勝ち進んで燃えた時に、その真骨頂を発揮する」と言っていた。一体、何だろうかと思ってみていると、場外から「そこだ、押え込め！　押え込んだら逃すな！」と試合中の選手に向って叫んでいるわけである。そういうふうに逐一、大声で「あぁしろ、こうしろ！」とアドバイスを繰り出すところが、あの監督が抜てきされた理由だといっているのである。それを聞いて、また、実際にその場面を見て、一体、何なんだろう……。選手はまるであやつり人形で、文化の程度が低いなと感じたものである。

ウエスト・サイド物語ではないが、ダウンタウンの一角で若者同士が喧嘩をし、その周りを取り囲んで「やれ！　殺せ！」と罵声を浴びせているのと何ら変わりはない。まるで進歩していないのである。

逆にソ連の監督は久しぶりに日本に負けているのに黙って選手の戦い振りを静観していた。冷静に試合を観ているだけに、次の世界大会等の大きな大会ではこんなものではない……。今回は日本の学生の実力を調べる大会としてとらえているような不気味さが私は大いに気になったものである。その意味で現在の柔道を見ていると、とにかく勝って安心した、ホッとしたということだけが前面に出て、何か原始に舞い戻っているような気さえする。剣道の試合も現実は五十歩百歩というところで、俗に言う「目糞鼻糞を笑う」のたぐいであろう。

文化の高さというのは、人間の欲望に反比例していったものだと思う。そこでかみつきたい、喚きたい……、そういう我《が》をいかに抑えきるかということが、人間を、そして文化を高めていった要因ではないであろうか。

たとえば相撲の親方が力士が仕切りをするごとに、土俵の下から「気合を入れろ!」「ぶちまかせ!」と叫んだら一体、どうなるであろうか。おそらく見ている人はウンザリしてしまうであろう。それぞれの部屋で徹底的に稽古を積んで本番に臨んでいるわけだから、本割の土俵へ上がったらもうすべてを任せ、多くを語らないのは当たり前のことである。

そして勝てば勝ったで、それが立派な勝ち方であったかどうか……。「勝つには勝ったが、あそこでまわしを取って勝ったのは、おまえの将来にとって良くない。やはり私が常日頃から口やかましく言っているように押し一本でいくべきではなかったか……」という指導をされている。

剣道でもそれは同じことだと思う。試合中、アドバイスをしたいのだけれども、すべては教えた、後はもうその選手に託するという姿勢でなければならないはずだ。すなわち本番中に演出家が口をはさめない芝居の世界と同じである。あるいは勝った瞬間、喜びを体で表現したいが、相手の立場、心情を思いやるなら、やはりそこは抑えるべきであり、それこそ伝統文化の表現方法なのである。

特に中・高校の練習試合において、試合が一つ終わる度に直ちに呼びつけて猛烈なお説教、時には竹刀でそれこそぶん殴る……。これが熱血先生との評判である。これでは生徒の方はたまったものではない。負けた直後は負けた本人が一番苦しく、悔しい心境なのである。なのにそれに追い打ちをかけたのでは、師弟の情愛などかけらも感じられないのではないだろうか……。拝見して困惑したのは勝ちさえすれば、少々悪くても何もなく「よし、来なくていい」で終りなのである。何か不思議な気がしたものである。考えるにどこでも「大同小異」のようである。

試合中、先生はメモを取っておき、終了後あるいは後日、自己の指導の資料として反省し、しかる後、生徒にも指導する。出来ればその時のビデオ等のそれこそ時代に照らしたハイテクを駆使した映像と所感とで指導した方が的確な指導が可能ではないだろうか……。練習試合終了後にその感情的な説教をしていた熱血先生へ「生徒に何を言ったか、憶えているか」と聞いたら、ほとんど覚えていないのが現状であった。

剣道も伝統文化であり、芸術であるなら、そういうことをまず第一に考えなければならないはずである。

その意味で剣道というのは、「礼儀作法」「礼儀作法」と空念仏のように唱えておけば、ひと安心の現状を検討する時機でもあると思う。

天皇は日本文化の原点

さて、ここでは、冒頭で述べた「我々は天皇像をどう捉えるか」、ということについて考えてみたいと思う。

新時代「平成」の天皇明仁陛下は第百二十五代の天皇だが、天皇家がそんなにも続く要因というのは一体、何なのであろうか。

昨年、黒柳徹子さんがオーストラリアの建国200年式典に招かれた際、「私たちは自分たちの国がこうして200年も続いたことを非常に誇りに、また嬉しく思っている。今後も日本の力を借りて、またその歴史を一つずつ刻み続けていきたい」と言われたそうだ。さらに言葉を続けて「ところで日本はどうして我々の何倍もの歴史を多少の内乱はあっても衰退滅亡がただの一度もなく、栄えて歩んで来ることができたのですか」と質問された時、黒柳さんは恥ずかしながら、そういうことは考えたことがなかったので答えにつまってしまった……。

するとオーストラリアの友人が「それは〝天皇制〟にあるのでは……」と言われたという。そして日本の歴史を改めて振り返ってよくよく考えてみると、確かにその通りだなあと納得されたそうである。

今、授業で学生に対して、「あなたの両親の両親、すなわち祖父母の名前を知っていますか」と聞いてみると、ほとんどの生徒が「知らない……」と答える。父方の祖父母と母方の祖父母の計四人いるわけだが、そのうち一人か二人知っていればよい方である。

この現状を肌で感じた時、思わず背筋がゾッとしたものである。いずれは自分の息子、娘にも子供が生まれる。祖父母にとって孫は非常にかわいいものだ。しかしその孫が自分の名前を知らないということなのである。因果は巡るという意味で、やがて息子、娘の子供たちから自分は抹殺されてしまう……。すなわちこの世に存在しないことになってしまうのである。しかしながら我々自身が先祖に感謝しないのだから、自分たちもやがてそういう運命にあるのは、当然と言えば当然のなりゆきと言えるかも知れない。

結局、そういう教育を今の日本の学校でも家庭でも教えなくなったというか、大事にしなくなったのであろう。まだ伝統のない国は伝統のある国をうらやましがるのは当然だろうが、伝統のある国はその伝統に甘んじてしまって、その良さを見失ってしまっている……。日本のそういった現状を省みると、なんとなく危機感を感じてくる。すなわち公立の学校では特定の宗教に片寄った教育は不可ということが、やがて宗教にふれることさえタブーになってきて、心の問題が疎かになってきたのではないだろうか。

しかしその危機感を一方で大きく支えているのが、先程オーストラリア人が言ったところの〝天皇制〟だと思う。諸外国の歴史ある国では国や家系を非常に大切にして、合衆国や連邦国では人種や小国をまとめるために国旗こそは国をまとめるものとして、会社の各部屋、学校の各教室へ常に飾って国民を意識させることに必死に努力しているのである。

また欧米諸国では家系を大切にする証として、家紋や記章を大切に誇示し、英国の大学では学校は学生のネクタイのストライプの色や巾によって見分けるよう誇りをもって着装している。さらに家系を大切にするよう、先祖を忘れぬように「〇〇ジュニア制度」「Ⅱ世、Ⅲ世制度」を名前に使用したり、移民は先祖の地方を忘れぬよう、名前に先祖の出身地を名付けて呼ばせる制度を今も大切にしている。日本でこの制度を取り入れたのが早慶戦におけるブレザー・ネクタイである。

日本はこれに比してあまりにも淋しく悲しい先祖とのつき合い方ではないだろうか。しかし天皇家こそは日本の歴史文化の真実、あるいは伝統の証を、我々国民に今に語り伝えていると考えられるのではないであろうか。すなわちそれこそが日本の伝統のルーツであるはずである。

ちなみに昭和二十三年に施行された『日本国憲法』第一章・第一条には「天皇は、日本国の象徴であり日本国民統合の象徴であって、この地位は、主権の存する日本国民の総意に基く」とある。

ある人は天皇を、人間の臍のような存在だと言っている方もいるようだ。なくても意識しないのだけれども、やはりないと不自然だ……。あるいは日本における天皇の存在は女王バチのようなものである。自らは何も決定しないが、女王バチがいなければ、ハチ社会はバラバラになる。それも一理あると思う。

ではもっと明解に、一言で言ったら何だろうか……。どういう言葉で表現すれば、みんな納得できるだろうかと考えてみると、やはり日本の〝文化〟の原点ではないかと思うのである。歴史的に回顧しても、時代の権力者が国を治めるには天皇が権力を持たずしても、何と言っても「錦の御旗」を賜らなくては、国民が認めなかったのである。信長も秀吉も家康も……。

古王国時代に建造されたエジプトのピラミッドは、もう過去の遺物である。何千年前にそういう文化があった、それでは今どこに行ったんだというと、もう途切れてしまっているわけである。今では考古学の研究対象でしかない。それでは取り返しがつかないのである。

しかし日本には、生きた〝歴史〟と〝文化〟が永久に存在し続けている。それはまさに世界に誇れる伝統・文化であるわけである。

太平洋戦争終了後、天皇は〝現人神〟という概念を払拭し、昭和二十一年元旦の「人間宣言」によって、神から人間になったことを表明された。そして憲法改正作業が進められ、それを下敷きにしながら、紆余曲折を経て、新憲法が同年十一月三日に公布されたわけである。

明治憲法では天皇は「万世一系の天皇」「神聖にして侵すべからず」の存在であり、「元首にして統治権を総攬《そうらん》」する立場にあったが、先に挙げた、新憲法では「日本国の象徴であり、国民統合の象徴」とされた。象徴という言葉をつかったのは、ある意味で賢明であるとは思う。やはり我々平民とは違う……。すなわち我々の心のよりどころであるわけである。

誰も天皇家の生き方などしていける訳はないし、できはしない。やはり伝統・文化を背負う人というのは、そういう運命に生まれて、幼い頃からその環境にひたるうちに、我々庶民が味わえない御苦労や帝王学を学び、国民をおもいやる心境となり、やがてその運命を自分自身が認めていくということであろう。歌舞伎の世界などでも同様だと思う。

今、日本人は動植物の環境保護には非常に敏感になった。しかし、肝心要の日本人の心のよりどころであるはずの天皇家の存在をどう捉えるかが見失われてはいないだろうか。

この機会に今一度、我々はその問題について再考してみる必要があるのではないだろうか。ましてや剣道家にはその義務があるはずだと思う。

第八章

啐啄の機

3月も後半になると、いよいよ大会シーズンの幕開けとなる。そこで12月から3月中旬、いわゆるオフシーズンにおける中・高・大学生の剣道に対する取り組み方、あるいは指導者のあり方などについて、その反省点をふまえながら、相互の関係について述べてみたいと思う。

指導者の勘違い

現在の、とくに高校剣道を見渡してみると、試合をさておいて剣道は存在しないと、監督も部員も信じているかのような状況である。とにかく明けても暮れても、試合、試合の反復のみで育てている……。

そこで「基本はいつするの?」と尋ねてみると、「いや、普段やっています」という。要するに基本技、あるいは打ち込みで「メーン」と打っていることが、基本であり、最初にそれさえやっていれば、基本はできていると勘違いしているのである。言い換えるならば、それは単なる準備運動でしかなく、また試合を想定して前傾姿勢で出易いように「コテ・メーン」といかに速くスピードに乗って打つかということしか意識していない。良い姿勢をつくる暇もない状況である。そんな前傾姿勢でやった方がいいというボクシング的発想だから、将来を嘱望される人材が育てられないし、育ってこないのである。

そういう指導者の下で育った人は将来、必ず基本というのがいかに大事であったかを思い知らされるはずである。実際に基本中の基本である面打ちさえ満足に出来ず、今になって後悔している人を数多く見かける。八段審査しかりである。

その意味で冬場の時期はとくに、今、我々は何をすべきかという計画を立て、自己の剣道を洗いざらい見直してみる絶好の時ではないだろうか。要するに勝負にこだわらない時期があってもいいのではないかということである。試合全盛時代であるだけに逆に……。

すなわちこれから春を迎え、新芽が吹く前に枝切り、まびき・根切りなどをして、一年間の不純物、垢を洗い落とし、さらに大きな幹を育てていく絶好の時だと思うのである。それがやがて勝負の本質へも結びつく。その意味で、他のスポーツ界は進んでいる。健康管理の面から、この時期にじっくりとオーバーホールをしているのであるから。

剣道は寒い時、暑い時を見計って一年を通して取り組むのだけれど、結局、無理をして身体を壊してしまう。「風邪など稽古すりゃ治るよ」式発想で寿命を縮めた大家もおられた訳である。

また一年を一ヶ月の単位に縮小してみると、毎日、毎日、朝も昼も夕方も剣道ではゲップが出て、そのうちに身も心もすり減ってしまう。現代は道場での実技だけを稽古だと勘違いしている指導者があまりにも多すぎる。

私は高校生を指導している各県の後輩たちに会う度に、「日曜日を開放しなさい。今、君たちがやっていることは情熱じゃない。やり過ぎだ。君たちだって忙しいだろう」と言うのだが、「その勇気はない。他所は今も寸暇を惜しんで取り組んでいます。とにかく数やらなければ遅れをとる……」という答えが返ってくる。

誰もが剣道が好きで取り組んでいると思うが、月曜日から日曜日まで毎日やったら先程述べたようにいわゆる飽きてしまうものである。すると剣道本来の目的、良ささえも分からなくなってしまう。それでも明けても暮れても詰め込み主義で押し通し、それで成績が上がらなければ、本人自身が素質がないと自覚し、また嫌気がさし、高校で「剣道ごちそうさま」となってしまうのである。果たして実技が剣道の全てだろうか。毎日夜遅い帰宅で一体、いつ勉強する時間があるのだろうか。そして指導者自身も……。

もう高校生くらいになれば、日本の文化、歴史あるいは他の芸術、芸道の分野の勉強会などがあってもいいのではないだろうか。また剣道には立派な書物が沢山残されている。それらを繙《ひもと》いてみるのも、古きをたずねて新しきを知るという稽古の一環である。すなわちそれらを勉強せずして先に進むということは不可能ということが理解されていない……。先人の残した書物というのは、下手な小説より面白い。そこには剣道は言うに及ばず、人生の面でも自らを高めるための何らかのヒントが隠されているのである。

敢えて申し上げるが、剣道家は「剣道の理念」という看板に安心していてはいけないと思うのである。「剣の理法の修錬による人間形成の道」は当然の事で、では理法とは何ぞや、この事がどのようにして人間形成に結びついて行くのか、先生方は説明がきちんとなされていなければ「礼に始まって礼に終る」の声のかけ倒しと同じになりかねない。

「心身共に修錬して技術の向上を図り旺盛なる……」この件に関しても、敢えて申し上げるとすれば、果たしてこのことは、剣道だけの真の特性なのだろうかと、正直に疑問を呈せずにはいられない。

剣道とはと考える時、ある意味では「日本人とは」また「日本文化とは」、または「日本の藝術とは」「日本の伝統とは」と考えてみてはどうであろうか。内容を再吟味し合って、世に問うてみたりする機会が少ない剣道界のこと、講習会にしても（実技）・（形）・（試合・審判規則）の三本立てから、いつまでも脱却できない現状を鑑みてもしかり。質疑応答の場合でも、真理をついてきて、答えに窮すると最後は「全剣連の決定事項なのだから守ってくれなくては困る」では真の尊敬は得られないのではないだろうか。批判は批判として謙虚に受けとめて、再検討してより良きものに発展させて行く勇気が今、剣道界には必要な時期ではないだろうか。

五島剣道の理念である「もののあわれを感じ、風流で優雅さがあり、おもいやりのある日本人たれ！を感じる……」文化的御高説を講習会等で御聞かせいただけるならば、全ての剣道人は心を洗われて、禅語の一説である「希望に起き、努力に生き、感謝に寝るものは幸福である」の心境で修行に人生に生きて行けることであろう。先人の格言には、度量の大きさを感ぜずにはいられない。

私の最も尊敬する西郷隆盛（大南洲）の「敬天愛人」こそ剣道の目的、人生の目標になりうるものと考える。「天を敬《うやま》い、人を愛する」この格言は四文字で表現する意味の広大なこと。「天地人」の天に星、地に花、人に愛と共に剣道の目標にもなりうるような言葉と思う。あえて「剣道の理念」にまで言及してみたが、本題に帰ろう。

　高校・大学の先生で、そういうことに取り組んでいる方は果たしてどのくらいおられるだろうか。結局、剣道の世界の中の、さらに試合の分野しか知らない、視野の狭い人間を育てているのが現実である。

　しかし剣道は試合だけではない。もっと大事な分野があるはずである。おそらく試合の分野は全体の10パーセントか、20パーセントであろう。その他の中枢を成す最も大事な分野の登り道を教えてあげなければと思うのである。試合という登り道だけだと、登れる者は少数のみで、あとのほとんどの者はみな脱落していってしまうだろう。

　そしてひいては、試合に出られない、そして勝てない者は、剣道をやってはいけないのかという問題にも飛躍しかねない。実際に「お荷物だけれども、真面目だからやらせている。本当はあの部員たちがいなければ、もっと密度の濃い稽古ができるのだけれど……」と愚痴をこぼす指導者さえいるのである。また合宿でもどうかというと、選手のための強化合宿でしかない。選手以外はその間、ずっと見学である。今は道場でも同じ状況のようだ。

　より精鋭を集めたからと言って、試合に勝つかというと、そうでもないと思うのだが、もう試合をする選手はあらかじめ決まっている……。私の父は「同じ育てた子供達なのだから、誰もが出られるように、試合に出る時は順番」と言っている。その選考でやっていて、十分全国的レベルに位置している。すなわちあまりに試合を重視し過ぎては、教育がわだかまってしまうからということである。今、学校教育でいうところの『標準偏差』、それこそがということに、そっくりそのまま言い換えられはしないだろうか。試合こそがという

試合のための合宿。それは大所高所に立ってみた時、剣道のほんの一部でしかない。それがすべてだったら、試合が終わった途端に部は閑散となってしまう。すなわち剣道に取り組んでいるのは、試合のための情熱でしかなかったことを証明しているわけである。

結局、指導者も試合本位になり、また試合そのものも多いものだから、試合を離れて剣道を見直す余裕が全くなくなってしまっている。だから試合で活躍したものだけが先生の恩を感じる。ところがコツコツと取り組んでいるにもかかわらず、試合運、素質がない部員は声もかけられない。それでは剣道をやって良かったと思うはずはない。それらの部員を含め、全体に目が行き届き、将来に希望や可能性を持たせた指導者が今、待ち望まれているのである。そのためには日々、謙虚な気持ちで取り組み、武道の真髄を求める姿こそが、その人の剣道に反映されるということを我々はよく理解しておかなければならないと思う。

またその意味では、日本の芸道というのは〝回り道の文化〟と言われていることも、改めて認識しておくべきであろう。ところが前述のように競技主体の考え方だと、歪んだ合理主義あるいは詰め込み主義の傾向を生み、逆に近道を求めてしまいがちになってしまう。たしかに試合中心の指導の方が多言を要さず、楽なことはたしかである。

現代の子供達は塾だなんだかんだと、とても忙しい。だからこそよけいに、もっと子供達を開放

する時間があってもいいのではないかと思う。

中学生になると、その約80パーセントの生徒が授業内容を理解しないで進んでいるという現実である。すなわち脱落者を作りながら進んでいるから、学校が「塾へ行かせなさい」と言っているわけだ。昔の先生だったら、放課後に残してでも勉強させたものであるが、今は勤務時間以外に怪我でもされたら大変と、逸早く追い帰すのが関の山である。

そうしてあまりにも競争が過激になると、その弊害というのも必ず生じてくる。「他の子がどうだろうと、うちの子はうちの子。学校の勉強だけで十分」。本来の家庭教育もそうありたいところである。しかしながら現代の時代背景を顧みると、それもままならない。剣道の指導もその流れが、そっくりそのまま当てはまるとは言えないだろうか。弊害はさらにまた弊害を生む要素を持っている。その意味でも指導教育の原点は何であるかを、我々は今一度、再考してみる必要があると思う。

わが民族は歴史を顧みても右から左へと極端な流れ方をし、中立絶対の「孤軍奮闘」の孤立した状態に弱い民族となりさがってしまったのではないであろうか。「正義に恐れなし」や「人生意気に感ず」の絶体絶命の心境に弱くなった。剣道はこの目標にも立ち向ってもらいたいものである。

今、世界の中のイラン対イギリスの言論の戦いのイギリスの信念には「英国魂」を感じる。イランに対して「宗教の自由と同時に言論の自由も同等に存在する」と論じて国交断絶の勢いを呈しているが、果たして日本の立場となったら、英国の紳士の態度が取れたかどうかとなると、はなはだ疑問ではないだろうか。果たして「日本魂」が存在するのだろうか。ただ気をつけねばならないのは「言葉の暴力」ということであろう。

啐啄の機

試合練習を行なうならば、「まだ30分あるから、もう一回できる」という短絡的な発想ではなく、テーマを決めて行なう。たとえば、面打ちだけ、あるいは面と胴だけの勝負にして、コセコセしない堂々とした人間を作ってみようかとか、いくらでも方法は考えられる。ところが数多く消化することしか頭にない。そして以前にも述べたように、試合が一つ終わる度に直ちに呼びつけて、危機一髪でも勝てばよし、立派な試合をしても負ければ猛烈なお説教が始まるわけである。

さらに感情をさらけ出して怒るから、自分でも何を言ったのかよく覚えていない。そしてまた次の試合の最中に説教をしているから、自分が見ていないうちに終わると、「どうだった？」と聞いて、「負けた⁉ 馬鹿もん‼」と見ていないで怒っているのである。なんとなく滑稽さを感じるのは私だけだろうか。

果たして勝ったから良い試合で、負けたから良くない試合なのだろうか。それにしても自分の教え子を感情のみで怒る、あるいはそれこそ鉄拳を加えなければ、分からないから、気合が入らないからというのは寂しい限りだ。結局、それは指導者の自己満足でしかないのである。

それではその先生の高校、大学時代はどうだったのか、と振り返ってみると、そういう先生に限って、そのお説教の内容とは裏腹に試合に強かったかというと、そうではない方が多いようだ。逆に数多くの修羅場をくぐり抜けている先生程、勝負の厳しさを十分に心得ているから「あの子にあれ以上のことを要求することはできない。あんな強い子によくあそこまで善戦したな」という冷静な目で判断している。

人はみな顔、形から体力、性格に至るまで千差万別である。さまざまなタイプの子供がいる。あまりにも上の方ばかり見過ぎていると、そうでない子に能力以上のことを要求してしまうことにもなる。その意味で育てるということの難しさを、改めて感じさせられる。

砂浜で海ガメの子が卵からかえり、砂から這い出してきた時に、海に向って一直線に進むカメもいれば、右往左往しながら、それに向って進むカメもいる。しかしいつかは本能により海にたどり着くであろう。

剣道も本来、独り稽古を自分に課さなければならないと、高校生にも言いたいのだが、今はそういう時間がないのが可哀想だ。道場で稽古するのは授業と同じで、〝努力〟と言われるのはやはり独り稽古ではないだろうか。心の素質のある子は、小さい頃から「やれ！」と言われなくてもそれをやる。ところが人から言われなければやらない子は大人になってもやらない。そういう独り稽古をやらない子は、人に勝とうなどと思ってはいけない。また人に負けて悔しがってもいけない。悔しいというのは〝努力〟をした人のみが感じる自己に対する憤りなのであるから……。

指導者が正しい方法で海の方へ誘導しているにもかかわらず、それを敢えて拒否して山の方に向っては、死が待っているだけなのである。おそらく昇段審査でも評価できないであろう。審査員もスーッと真っすぐ海に向っている人に○印をつけるはずである。しかしのたりのたりしながら、穴に落ちては引っ繰り返ったり、体力がなくてヨロヨロしながらも、やがては海にたどりつくであろうという可能性や、片鱗を秘めている子にも○をするはずである。すなわち100点満点の○もあれば、80点の○もあるわけである。

そういうことを考えると、指導本来の役目というのは、結局、温かく、そして時には厳しい目で見守り、正しい方向へ、方向へと誘導してやることではないかと思う。

私の指導する鶴川の4年生部員が、四段審査に二名落ちた。彼らは稽古も休まず、とても真面目なのだが、どうしても自分の癖のある剣道を捨て切れない……。だから私は彼らにこう言った。

「道場の玄関までは真面目で結構。が、一旦、道場に入ったら、どうやって生き残るかというたくましさや情熱が必要。そして頑固さも必要だけれども、受け入れない頑固さと捨て切って守る頑固さ(すなわち素直さ)は違う。癖を捨て切れない頑固さは意固地。正義を守るのは頑固一徹でもいい」

一方、入部してきた時には、全く癖はないのだけれども、なんとなくひ弱な感じで本当に続けられるのかなと思っていた2年生部員が驚くなかれ、それらの4年生を尻目に一回目の受審で受かった。それは「打たれてもいいから、大きく打ち、良い技を作りなさい」と私が日頃から言っていたことを素直に実行した結果がそれなのである。今では四段に受かった自信からであろう。背筋がスーッと伸び、構えにも裕りが出てきて活き活きとしている。

もう一人の合格者は4年生の最後にして、とうとう合格したのだが、彼は数ヶ月前不運にも事故で顎を骨折して面がかぶれず、やむなくその間徹底して「観取り稽古」に明け暮れ、毎日私の前に正座して見学していた。そして審査当日だけ医者の許可で受験し、合格したのである。

彼曰《いわ》く、徹底した「観取り稽古」によって、先生に乗りうつったとの心境を語ってくれたが、「剣道家の三つの不運」、一、良き師がいないこと。一、悪い師に教わること。一、良き師についても、自己満足して受入れようとしないこと、のどれかに当てはまってはいないであろうか。

高校までやってきた癖のある剣道で、勝つからということにこだわっているよりは、師を信じて、その姿を見てコツコツと取り組んでいった者の方が、その剣道観は高くなる。それは現実にさまざまなところで証明されている。

今、教育はマスプロ化されている。本来はマンツーマンの指導が大事なのだが、その影響であろうか。剣道も同じ道場で稽古しているにもかかわらず、先生とは一線を画して仕切り線を引いてやっているのと同じ状況なのである。指導者と部員が完全に分離された中でそっぽを向いて取り組んでいる。師に似ても似つかぬ姿勢態度の剣道と批判されるタイプの人がこの方法で育った方々である。

馬を水辺に連れてはいけても飲みたくない馬に、人の力で水を飲ませることはできない。そうではなく教える身にも教わる身にも〝啐啄《そったく》（禅において、師家と修行者の呼吸がぴったり合うこと）の機〟を求めて修行するのが、剣道本来のあり方ではないだろうか。

徳川時代に製作された済寧太鼓

第九章

面打ち進化論

現在、我々指導者が将来ある若い人達に対してとくに憂慮している点は、一歩一歩基礎を積み重ねていった稽古、あるいは試合をしているというよりも、その日の調子で剣道をしているということである。

小川忠太郎先生（範士九段）は「国士舘専門学校の稽古は一年生は切り返しばかり、二年生は懸り稽古のみ。三年生になってはじめて地稽古をやった」と言われる。ところがそのことは誰もが承知し、その通りであると納得しているはずなのに、現実はというと、試合があるからといってついつい合理的な方へ、方へと流れていってしまっている。

発想の転換のすすめ

そこで今、私自身がもう一度考え直してみようと思っていることは、他のみんなが「それは欠点、不利である」と考えていることを敢えて逆の発想を展開してメリットにしてみようではないかということである。

その一つは「昨今では何故、誰もが面打ちは大技で、言い換えれば、振り巾大きく打っていないのか」ということである。

そこで学生にその理由を尋ねてみると、「動作が大きいから、相手の面に届くのが遅い」あるいは「起こりを押えられ易い」という答えが返ってくる。すなわちもうその大きいから不利であるということだけで壁に行き詰ってしまっているのである。だから「最短距離をとらえるには、その面打ちの動作はできるだけ小さくて速い方がいい」という結論に達せざるを得ないわけである。しかしながらそれではいかにも発想が貧困ではないだろうか。

この面打ち一つとっても、みんなが一点にとらわれているところにとらわれない発想も非常に大事だと思う。もちろんとらわれることも必要だけれども、それが高じて蟻地獄のように、片寄った方向に陥ってしまう傾向が現在ではなきにしもあらずのようである。

たとえば国民性ということで、日本人は同じ人が最前列にいる場合と、最後列にいる場合、その人間性はまるで正反対になると言われている。すなわち最前列にいる時はとても真面目。ところが同じ人が後の方に並ぶと、途端に行儀が悪くなる。ある意味で寄らば大樹の陰といった傾向が強いようである。

私が小学生を指導する時に常に彼らに言うことは「汗はごまかせないよ。汗は正直だ」である。もちろん中には汗っかきの子もいるだろうが、それは別の意味として、「一所懸命に取り組んだかどうかは汗の出方に象徴されるはずだ。だからその一所懸命という心懸けを大事にしなさい」と言うのである。

ところが学生はそれでは通用しない。たとえばランニングでも一所懸命、全力で走っても、いいかげんに走っても汗は出る。ただ正直で目的の伴った価値ある汗なのか、自分の意志に全く関係のない汗なのか、それが問題なのである。

稽古でもただやりさえすれば上達する訳ではない。恐しいことは、日々やっていることが間違った方法であれば、それが確実に身についていき、やればやるほど悪くなっていくという事実である。百回やれば百回「嘘」が身につき、千回やれば千回「嘘」が身につくという現実を数多く見てきた。これが修行の恐さである。

また正しい方法でやったとしても、やる気の意志がなかったりすると、人間の身体は正直なもので一切、身につかず、血とも肉ともならないものである。

今、述べたことにも付随することだが、みんなが同じ内容の稽古をする。すると同じことをするならば、素質がある、スピードがある、筋力がすぐれている、あるいは体格がある人にはもう勝てないということになってしまう。それは日本のスポーツ界のオリンピック等における現状にもそれを感じる。しかし芸道には限界、不可能はないはずと考えたい。すなわち表現は適切ではないかもしれないが、のぼせがなければならないと思う。言い換えるならば、夢あるいは高い理想と言っても良いであろう。それは自らがその意志を常に持ち続けることだと思うのである。

剣道の場合も、面打ちということをたった一つ取り上げただけでも、大技になると、大き過ぎて起こりを押えられてしまう、技が遅いから……で終ってしまって、その良さは何かということに進まないのである。自由な発想の展開というのがなくて、今はすべて平均的な人間を養成することにのみ終始している。目の前の現実はこうだからということが、別の道を辿って理想として高められ、真の理想が歪められているような気がしないでもない。最高の姿勢は最高に強くなければならないはずである。

我々は稽古前の約30分間、それぞれ打ち込み台による独り稽古を行なっているが、これはごまかしは全く通用しない。すなわち、今、我々が目指している大きな打ち方と、機関銃の弾のような小さくスピード感溢れる打ち方と比較してみると一目瞭然なのである。

打ち込み台からきっちり距離を測定しておいて、そこから構えて打ち込んでみると、大きな面打ちならば打てるけれども、一切の無駄をはぶいたと考えられている小さな面打ちでは届かない。ということは、それは至近距離ならば届くけれども、遠間では通用しない。言い換えれば、その効用として①大技は小技よりもより遠くから打突することができる②大技は相手にとって振り巾が大きいので、受け手として押えることが出来ない③振り巾によってより気魄を相手に与えることが出来る④相打ちの状態に近い場合、必然的に小技の剣を切り落すことが出来る⑤成功させるために、充分なる業前の探求が必要不可欠なものとなり、攻めの理合が高まる⑥相手は大技の為、返し技が出来ない、ことなどが解明されてきた訳である。

そして重要なこととして、正しい理想的で懐の深い背筋の伸びた構え（いわゆる眉間から剣先までの距離が長く、理想的な基本の足巾）でなければ、より遠く、より充実した面打ちが出来ないという事実が判明してきた訳だ。

以上のような数多くの魅力が、現実的には先に述べたような目先の貧弱な考え方で、研究されることなく否定され、日の目を見ずして埋もれてしまっているのである。その結果、若さが失われ、力もスピードも年齢とともに失われた時、その剣道は引退せざるを得なくなり、文化としての芸道の域に達することなくやがて消滅して行く運命が現在近づいていると考えざるを得ないのである。

この本末転倒が現在の剣道の姿を象徴しているといっても過言ではないだろう。すなわち小さく速く打てば当たるということは、もっとも原始的な考え方でしかないということである。

一方、この技を成功させるには、かの有名な「猫の妙術」の極意が大きなヒントになってくる。いわゆる「鈍速《のろはや》」の極意の攻めが探求理解されて、やがて速さと力の消滅と相反して、究極は業前によって相手の心を手に取るように起こりを作り出すことによって「鈍速」の業となって表現され、相手はもとより、観る者の心を感動させ、やがて「不老の剣」の境地に入って行ける……。そう確信して修行しなければならないと思う。

『昭和の大横綱・双葉山は相手が立ったらいつでも受けて立った。しかしその相撲を16ミリに映写して研究してみたところ、受けていると思ったら、実は双葉山の足の方がもう一つ早い。すなわち後の先だった。また立会の写真を見ると、必ず双葉山の方が先に踏み込んでいる。立会の間の取り方が実に名人だった。仕切りでも常に構えているから相手の立つ気はすぐ分かる』(「相撲清談」・ベースボールマガジン社)ということが述べられている例を一つとってみても、そこには一見しただけでは想像もつかない「先々の先」への昇華された醍醐味が隠されていたのである。

敵の兜の風穴を見よ

この打ち込み台に対する面打ちは、面を着けての実際の稽古の中で適用させるための技ということで、手元を合理的につかって振り巾をできるだけ広く、90°よりもやや鈍角に、すなわち手元が自分の額《ひたい》にさわるくらいまで梃子《てこ》の原理によって振りかぶり開いて打つこと。そして打突後は相手のあごまで押し斬る気持ちで実行させている。昨今では打突後、竹刀が跳ね返って剣先が後方の天井を向いている中・高生が多いようである。

この面打ちができた時のメリットは何かというと、大きな大砲が一つ身につくということだと思う。また相手が届かない間合から打てるということは、気持ちの面で大きな余裕にもなるのではないだろうか。すなわちこのことは剣道に於ける大黒柱の完成となり、長く剣道が出来るということなのである。

かつて戦《いくさ》の時に重臣や家老というのは、最も戦死者が少なかった……。「敵の首をとるなら大物をとれ」と言われていたにもかかわらずである。それはある意味で、援護する多数の歩兵がいたからと言えるかも知れないが、しかし負け戦においてもやはりその働きは大きかったと言われている。反面、最も血気盛んな初陣の若武者達は、勝ち戦の時でさえこれといった手柄を立てられず、また負け戦の時は戦死した者がほとんどであったと言われている。

この父から子供の頃に聞いた戦国時代の話の中で、私が今も尚、印象に残っているのは――、初の合戦に臨むある若武者が是非、手柄を立ててその初陣を飾りたいと願って、藩を代表する百戦錬磨の荒武者に知恵をさずかろうとした。するとその荒武者は最初のうちは笑って取り合わなかったが、あまりの熱心さに一言だけ「敵の兜の風穴を見よ！」と言って立ち去った。ところがまるでその意味が分らない……。分らないままに合戦の時が来た。

そして若武者は馬にまたがり、大きな野心を抱いて颯爽と戦場に出て行った。ところが雨あられと飛んで来る矢にとてもではないが顔さえ上げることができない。ただただ馬のたてがみにしがみつき、敵が襲ってくると、すれ違いざまに刀を振り回してみるだけである。しかし、それで首がとれるわけがない。逆に肩や腕に傷を負うばかりだった。

その後、運よく休戦となり、自陣へ立ち返ったら、例の荒武者はというと首級をいくつもあげ、こちらを見てニヤリと笑っている。若武者はかの言葉を想い出し、一体どういう意味だろうと考えてみたがやはり分からない……。故郷の母には大見栄をきって出てきただけにこのままおめおめと帰るわけにはいかない。逸る気持ちとかの言葉が試行錯誤しつつ、再び午後の合戦が始まった。

そしてその言葉の意味は分らずとも、とにかく素直に敵の兜の風穴を見てみようと、上体を起こし、手綱を締めて自然体の姿に戻ってみると、言葉通り、敵の兜の風穴が見えた。さらに周りを見渡してみると、敵はみな恐がって、今までの自分と同じような姿で馬の立て髪にしがみついているではないか。まるで視野が狭くなっている。この瞬間、荒武者の言った言葉の意味が解け、その後は余裕を持って敵を斬り倒していった……。

この話を聞いた時、子供ながらに、あぁなる程、姿勢というのは大事だなと思ったものである。またこの話は遠山の目付けにも通ずることだし、精神は加賀百万石のごとしや大納言のごとしの精神的な余裕、あるいは懐の深さにも通ずることだと思う。

俗に一足一刀の間合とは、お互いの剣先が交わるところを言っているが、それは一つの観念的な定義であって、本来はその人の有効打突の範囲内で飛び込める最大の距離を一足一刀というのではないかと思う。だからそれぞれの能力によってその一足一刀は違う。すなわち同じ条件下で触刃の間合に入れば、余裕のある方が有利であるはずである。

ところがその余裕というのを、我々はその人の身長（リーチ）に比例するものと考えがちである。だから大きい人には自分より遠いところから打たれるから油断しないようにと言われるのも確かに理解できる。しかしそういう物理的に不可能だというだけでは剣道が芸道、芸術であるとは言えなくなってしまう。そこには夢も何も存在しないわけである。

私は陸上選手でなくて良かったなと思うのは、気迫で勝てるわけがない。先天的な能力で9秒いくつで走られたら、もうどうしようもないわけである。またバレーやバスケットなどでは、まず身長がなくては指導者は歯牙にもかけてくれないという例もあるようだ。

ところが、剣道はそれらのスポーツあるいは柔道のように体力の限界を感じたので引退しますということを許さない。芸術というものはすべからく進まなければならない。するとそこにその人の芸の味が生まれ、第三者の五感に感動を与えるわけである。

人間が最も勘やスピードがすぐれているのは、統計的に言って16~18歳だと言われている。すなわち高校生の頃は当然、それらに頼ってよいであろう。しかし人間はやがてスピードがなくなり、力も劣えてくる……。しかし剣道は向上しなければならない。その時に単なるスポーツ科学的な発想だったら、そこでその人の道は終わりになってしまう。

人間の欲としては、限界がないということ。その限界をすり替えていくものがあるということが大きな魅力となる。その魅力が〝不老の剣〟であり、〝業前〟であり、『猫の妙術』で説かれていることだと思う。

それをただ単に「剣道はスポーツとは違う」と言って、「どこが」と問われた時、「礼儀作法が充実している」「いや、他のスポーツだって立派にそれを行なっている」「では勇猛果敢で闘志がある」「ラグビーは泥だらけ、傷だらけにやっているし、ボクシングは素面で打ち合っている」。結果的に何の説明もなされていないわけで、他のスポーツ界の人が聞いたら怒ってしまうであろう。

面打ちの履行、すなわち業前にあり

それではこの大技の面打ちを実戦の場で実行するにはどうしたらよいか……。答えはもう何度も述べている〝業前〟を有効に利用することこそが、その面打ちの、ひいては剣道の最も特色を打ち出せる要素ではないかと思う。すなわち〝鈍速《のろはや》〟の極意である。

この面打ちは相手より遠いところから打てるということは既に述べた通りだ。するとそれだけで相手に恐怖を与えることができる。それが自らが発するところの気迫ではないだろうか。「攻めとは何か、単純に説明してみなさい」と言われたら、それは打たれるということの恐怖、攻めと打ちが分離されたものでなく、打ちに結びついた恐怖、殺気、それらを総合してはじめて攻めと言えるのではないかと思う。ただ単に攻めてというのは、相手に近づいたというだけであって、間合が分っていないとよく言われる例の一つである。

間合というのは、竹刀を持っていなければ、ただ単に立っている二人の距離でしかない。ところが竹刀を持って構えて攻め合うことによって、自分の間合になったり、相手の間合になったりという不思議な現象が起こってくる。そして気、剣、体の総合的な攻めにより、それに勝った方が相手を打ち込んでいく。

しかしながら昨今では、名選手と言われる人の打ち方を見ても、足が届くまでに手が終わってしまっている。言い換えるならば、右足が浮いた状態で既に打ち終っている。それらを合わせるのが理想だと思うのだが、実際はこうだからと、現実論を唱えてしまう。打ち込もうとする気と剣と体が一致した時にこそ、はじめて有効打突としての一本が生まれるはずである。すなわち斬れる打ちが出せるわけだが、この大技は面打ちならば、それらが一致すると単純に考えられないであろうか。

ところが理論的には説明でき、また欲を持っていない打ち込み台に対しては、ある程度できるものだが、人と対すると、なかなか思ったようには打ってはいけない。しかし私自身、その希望は持ち続けてゆきたいと思っている。そういうのぼせというか、目標の高さは持ち続けてよいのではないだろうか。

しかしその欲にも二通りある。プロゴルファーのジャンボ尾崎は次のように言っている。「うまくなりたいのか、強くなりたいのか」と。現在の日本人は一般的に強くなりたいゴルフをやっているそうだ。

「強くなりたいゴルフとは、スコアにこだわった目先だけのプレイであり、それは我流に陥りやすいし、ある程度から先には進歩しないものである。そして膝・肘・肩・腰を痛めやすく、極端な場合には自分のスウィングで自己の肋骨を骨折する者も多数いて、やはり最初は『うまくなる』いわゆる基本に忠実で優雅なフォームでスウィングし、それの完成後、強くなるゴルフへ移行して欲しい。もちろん自分は両方兼ね備わったプレーヤーであるゆえに日本一なのである」との落ちの入った彼一流の理論だが、この論理は私達剣道界にも耳の痛い忠告ではないだろうか。

長い目で見ると、現在の指導方法は結局のところ先細りしているわけである。言い換えるなら、大きな幹を育てて、将来、素晴しい花を咲かせようということが疎かになっていて、とりあえずはその年代で勝たなければいけないという傾向が強い。もちろん試合が大事な要素であることは十分承知している。

剣道の上達の秘訣は、よく『打ち上手に打たれ上手』と言われる。本当の名選手というのは、打たれっぷりも良いはずである。すると何故打たれたのかがよく分かる。ところが苦しみもがいて打たれると、その理由が不明なままで終ってしまうものだ。指導者冥利に尽きるのは、弟子が「あの子は剣道も、人間もスケールが大きくなったね」と言われることで、「相変らず器用だね」ではガッカリしてしまう。

ところが冒頭でも述べた通り、現在の稽古を拝見していると野性むきだしの、今日は調子が良かったかどうかの稽古振りで、明日の調子は分からないという稽古法ではないだろうか。気位の稽古、いわゆる「大納言のごとし」「加賀百万石のごとし」の心境の稽古振りではない。逆にスリのように「巾着切り」の心でつい稽古をしてしまっているから心が練れることがない。だから高段者でも観る者にくみ取れないつまらない稽古となるのだと思う。

無理な姿勢で稽古に励むからやがて無理がきかなくなり、そして怪我によって引退へと追い込まれているのである。今、面を打とうか、小手か、それとも胴かと迷いながら、単なる運動神経による原始的な「勘」に頼った稽古ではなく、名優があたかも英雄、豪傑を演じ切るがごとくに、芸道は表現であり演じることだと思う。現在の高段者には一体、幾人、剣をもって演じられる方がおられるだろうか……。

「明治村」も「東京剣道祭」も大変失礼だが、淋しく感じたのは私一人だけだったであろうか。剣道界の将来の展望は「京都剣道祭」に於ける高段者の先生方によって証明されるであろう。この点を大いに勉強したいと考えている。

我々指導者もそういうところに目を向けていかなければ、絶好調と思っていたら、突然崖っぷちに立たされていた。そして一瞬にして千尋の谷にまっさかさまに落ちていくということにもなり兼ねない。剣道には長くトロトロと燃える火があってしかるべきである。その小さな火の光こそが、我々が21世紀に向って辿っていく道筋の光明ではないかと思う。

第十章　さわりをとる——第37回京都大会（平成元年度）

さわりをとる

邦楽器の演奏に『さわりをとる』という表現があるそうだ。楽器のもつたった一つの理想の音を固有する。その理想の音を出すことによって自然の声に『さわる』ことができる。その『さわりをとる』境地に至るまでにはなんと30年もかかるそうである。

現代の建築家が「五重塔は無駄な木を沢山使い過ぎている。これだけの材料があれば、私なら同様のものを2つあるいは3つ造ってみせる」と豪語した。

するとその話を聞いた宮大工が「それは可能かも知れない。しかしあなたの造ったものは一体、何年持つのですか」と尋ねてみると、「15年から20年……」そこで「これは千数百年も持っているのですよ」と言うと、その建築家は次の言葉が出てこなかったという話を聞いたことがある。結局、千数百年以前の宮大工の方が遠い将来を読んでいて、はるかに合理的でもあったわけだ。

宮大工は自然木のはえている姿を自分自身の眼で確かめなければ、それを材料として使わないそうである。木の生いたちから育った環境、言い換えれば、どのような斜面に立って育ってきたか太陽の恵みはどの方向から受けたか風は……など、その木のつやや木目の特質を十二分にわきまえてからでないと切り出さない。すなわちその段階で『さわり』を求めているのであろう。

芸術の分野においてはすべからくこの『さわりをとる』という表現が通用するのではないかと思

う。武道すなわち剣道も演武と言われる。ところが現在、高段者のさまざまな立会を拝見してみると、真の演武といわれるものが少ない……。単なる叩き合いというのは多いけれども、果たしてその剣道家は己の持つ何を演じよう（表現しよう）としているのか、肝心要の『さわり』の部分がさっぱり読みとれないのである。

その意味で、枯れた味よりむしろ60歳代の人が50歳代の人のように元気だから目立つ……。剣道もそういったスポーツ的な価値観でみる傾向が強くなったようだ。もちろん体力に衰えを見せないということも大事だが、元気印は日本の芸事はすべからく「わび・さび」に至るといわれているが、『さわりをとる』ということとほとんど関係ないような気がする。

警察は警察の剣道、教員は教員の剣道、あるいは社会人は社会人の剣道、さらに言い換えれば、九州の剣風、四国の剣風、東京の剣風、関西の剣風、東北の剣風……など、それがかつての流派だったわけである。従ってそれぞれが育ってきた環境の下に、その人独自の最高の味（さわり）が表現されてしかるべきであり、その『さわり』と『さわり』が互いにスパークすることによって、より大きな感動を生む……。これが剣道における演武の醍醐味であると思う。

しかしながらその個性というのが次第になくなってきてしまっている。我々は年に一度のこの京都祭で高段者の先生方が演武される立会の中にその『さわり』を見出そうと馳せ参じているのだが、なかなかそれが感じとれない。すなわち心の底からハァ～と感銘を受けるという立会が次第に少なくなってきたということである。

それは演武を鑑賞する側の責任もあると思う。芸術作品に対しては一定の判断基準も設けず、主観に基づいて批評されるが、剣道の場合、現在では表面的な価値観に捉われ過ぎるためか、そこからさまざまな剣道観が生まれ、剣道の奥にひそむ真理、究極というのが次第に歪められつつある……。いわゆる当ったかどうかという一面に主眼が置かれる価値観になりさがってきているようだ。

元々、「日本人は墨一色の中に、無限の色を味わっているのである。日本人は墨一色の濃淡の変化の中にすべての色を感じる不思議な審美眼を持っている。これと同じく、日本人の音楽感覚には、一つの音がすでに複雑な音色感を与えるのである。西洋人が百人の管絃楽によって初めて感ずるような音色を、日本人は尺八一管、三味線や一絃琴の一挺の中に聴き取るのである。西洋人は音の人為的配合によって音色を製造するのに対して、日本人は単純素朴な形において、自然の音色を味おうとしているのである。ここに日本芸術の単純性または凝縮性という特性が見られる。言い換えれば、西洋芸術における精神は外に向って拡大するのに対し、日本芸術における精神は内に向って凝縮しようとするのである。前者を遠心力的と言えば後者は求心力的と言えるであろう」(『日本音楽の性格』・吉川英史著)はずなのだが……。剣道においてもこのことは当てはまっていいはずである。

更に能の世界では、より一歩深く進んでいて、第一回の人間国宝に指定を受けられ大鼓《つづみ》の名人と言われた川崎九淵氏は音色も大切なことではあるが、実は究極の真実は音と音との間のとり方が最も大切で、鼓の打の音色と音色との間を充実させ、充実し切った間をつくることが音色よりもっと大切な事だと話している。心の表現となる間を確かめる為に音色があると言ってもよく、音色と音色との間の無音の世界こそ邦楽の奥深さが隠れている究極の世界といえるのであろう。

この件についても、かの有名なる世阿弥も『せぬひま』という言葉で表現していて、「心でつなぐ緊張感が大切であり、舞と舞との空白のつなぎ目（間）こそ真理が有る」というような説明がある。

楽器と楽器の『さわり』が競い、そして地舞と鼓が真剣に戦い合ってこそ緊張と和の芸術が誕生するのであって、単なる『合わせることでは能の世界も滅びる危機感が迫っていることを肝に銘ずべき』と警告している。剣道も打つ為に間があるのではなく、間を表現し、充実振りを表現する為に気魄も存在し、その結果として打突があると言えるであろう。

これが剣道における『業前』であり、やがて『不老の剣』へ昇華していくのであろう。一本も打たずして観る者を魅了する剣道の演武、打たずして勝ち、打たれずして負けを認める剣道の演武は現在では夢のまた夢なのであろうか。

日本の芸術というのは、本来、素人にも入り易く理解されやすいものでなければならないという性格があるようだが、時代の流れに即応してというのか、その性格も西洋風に技巧的で複雑さを求めるようになったようである。

とくに中・高・大学生の剣道は勝つためにはもっとも基本である視覚的な美（姿勢）を犠牲にしてまでそれを求めるようになっている。また今は打って、「どうだ！」と言わんばかりに自己をアピールするようにもなった。昔は、打たれた方は「いや〜頂戴いたしました」と言い、一方打った方は「いや、まだまだ不十分です」「お恥かしい」と互いに譲り合いの稽古をしたものである。

日本の茶道の精神を最もよく表現した言葉に『一期一会』がある。すなわち相手に礼を尽くし、一生に一度の参会と心得る茶人たちがその一挙手一投足を慎しみ、永久の離別になろうとも悔いを残さないだけの応対をしようと真心の限りを尽くす……。我々も年に一度の京都大会ではそういう精神で立会わなければならないと、ここ数年の立会を振り返って痛切に感じるようになった。

〝場をつくった〟今次の京都大会

京都大会の京都大会たる最大の所以は、武徳殿という荘厳な雰囲気の中で演じるということだと思う。それは剣道を芸術へと昇華させるための、第一の条件として最も大事な要素であろう。最近の試合はすべて体育館で行なわれているので、それふうの試合になって、観戦者も騒々しい……。もともとスポーツが行なわれる場所を借りて使用するわけだから仕方のないことかも知れない。

私の田舎では、父の教育が顕著に示されており、たとえば小学校の体育館で大会を催す時には、道場の神殿を体育館に移す。そうすれば子供達も、その意味を理解して、行儀の悪いことはしないものだ。これは場づくりとして非常に大事なことだと思う。

先人は原始的な殺ばつとした戦いを、人間形成にまで昇華し、かつ芸術にまで高めていった……。

それは神仏を大きな頼りとしたからではないだろうか。京都大会における武徳殿の良さというのは、まさにそれ以外にはないと思う。だから立会そのものが真面目だし、観戦者も静かにそれに見入っている。ただそういう感覚のない道の修行をしていない人はいいかげんな立会をするし、またいいかげんな態度で見ている。すなわちそれがその人の剣道観ということだろう。

あるカメラマンの方が「ファインダーの中から高段者の先生方の立会を拝見していると、武徳殿の神殿のあの雰囲気に負けないだけの剣道をする方は少ない」と言われていたが、確かにその通りかも知れない。我々、剣道家にとっては痛いところを衝かれた痛烈な言葉である。

ただ今回（平成元年）より、場をつくるという点で、昨年までは教士八段以上から二会場で行なわれていた運営方法が、初日の六段の部から二会場で行なわれた。これは大いに評価すべきことだと思う。晴れの舞台で芋を洗うかのごとく、あの狭い武徳殿内を四会場に分けて行なっていたことを思うと、今次の試合者もまた観戦者もあの荘厳な雰囲気に十分に溶け込むことができたのではないかと思う。

単に試合を消化しようとするのではなく、一つ一つの立会を大事にしようとする執行部の配慮が窺われた。これは非常に良い演出ではなかったろうか。ただ一つ参加者も役員も誰もが気がつかないことがある。それは初日、役員による平安神宮での御霊祭はあるが、肝心の武徳殿の神殿に対する参加者全員による正式な拝礼の姿が行なわれていないことである。いわゆる「二礼二拍手一礼（拝）」の儀式である。なぜ二礼二拍手一礼なのか、その意義をよく研究して、京都祭の開始と終了時には是非挙行してもらいたい。これは全剣連にお願いしたい行事の大切な一つである。

前置きが少々、長くなったが、それでは今大会において恐れ多くも私が感銘を受けた立会をとくに四試合に絞って述べてみたいと思う。

楢崎正彦範士八段（埼玉）
谷鐐吉郎範士八段（愛知）

楢崎正彦先生と谷鐐吉郎先生の立会は、両先生ともにその持ち味を十二分に出された内容であったと思う。昨年の京都大会でもそう感じたが、現在の剣道家の中で最も腹のすわった剣道をされるのはやはり楢崎先生ではないだろうか。左拳が常にすわっているのにはいつものことながら感心させられる。だから毎年、我々の期待通りの立会をされるのだろう。

左拳が動くということは、すなわち心が動くということであり、相手はそこに打突の機会を見出せるものだが、それはほとんどぶれることはなかった。その意味では日本一中心の強い先生と言えるだろう。まさに不動の構えで、姿勢も決まっている。さらに足腰ともに強靱で、六十六才という年齢を全く感じさえない。

一方の谷先生もスラッと腰が収っていて、姿勢が良い。後ろ姿にも気品が感じられた。この点、後ろ姿の美しい先生が少なくなられたのは寂しい限りである。

この両先生の立会は、激しい中心の取り合いが演じられ、お互いに気で上から乗り合っているから観ている者にも緊張感を与えた。そしてその息づまる攻防の中から谷先生は天下の楢崎先生の面の起こりを切り落とし気味に一挙動で面に応じられた。これは両者見事な相打ちの結果となり、真剣でなければ結果は論じられない内容であった。

このようにきっちり打ちを出し、きっちりそれに応じているという攻防内容は見応えがある。この他には決まった技は見られなかったが、相手が良ければそうそう打てるものではない。すなわち結果的に打てなかったからと言って、悪い試合と短絡的に結びつけてはいけないということだ。打った打たれたというよりも、その濃い業前の内容に眼を奪われた素晴しい立会だったと感じた。すなわち先に述べた一見、単純に見える攻防、『墨一色の中に無限の色』を感じることができた内容ではなかったかと思う。

〔谷口安則範士八段（鹿児島）
高野　武範士八段（神奈川）

谷口安則先生と高野武先生の立会も見どころの多い内容ではなかったかと思う。その人の性格を知るには、手元を見ればだいたい知ることができる。私の予想では、不動明王のような谷口先生の猛々しい性格を映し出す威力のある剣道に対し、高野先生はいかにしてどのような気位をもって臨まれるか期待していた。が、私の想像以上に高野先生の遣いっぷりが光っていたのではないだろうか。

初太刀は高野先生がとられた。同時に放った谷口先生の小手は高野先生の小手に合わせた感じであった。これが谷口先生の勇猛さを内から外へ発揮させる発火点となった。その意味では、谷口先生も楢崎先生同様、やはり我々の期待を裏切らなかった。待ち時間の〝静〟から面をかぶれば、瞬時に〝動〟へと変わる……。とにかくドラマをつくる方である。

最後は谷口先生が高野先生の中心を何するものぞとばかりにメリメリと打ち破るようにして放った、いわゆる大技の〝原爆面〟に対して、高野先生は迎え突きで中心をしっかり守られた……。両先生ともに谷口先生は〝剛〟、高野先生は〝渋さ〟をそれぞれ『さわり』として表現された立会ではなかっただろうか。

今、攻め勝って中心を割り、〝虚実〟の実の技でまっすぐに打つ方は少ない。中心を避けた剣道の定石を破る難しい面を打つ人が多いようだ。中心が邪魔だから、それを避けて虚をついて裏から面というのは、我々としては不本意である。しかし勝負師といわれる人は平気でそれを打ってくる。そしてその技を観衆は喜ぶ。これでは軽業師と同等ではないだろうか。

西　善延範士八段（大阪）
市川彦太郎範士八段（埼玉）

西善延先生と市川彦太郎先生の立会も印象に残った。改めて振り返ってみると、お互いに九段という大きな目標に向う情熱が表現された内容ではなかったかという気がする。そして結果的に当初の大目標が達成されたということではないだろうか。

前半は西先生の国士舘の先輩としての気迫が優っていた。そして西先生独特の攻め、すなわち剣先がスルッスルッと伸びるように迫り、そこで、相手が動じたら、その起こりを打つ、応じるという攻めの強さが表現されていた。そして初太刀は見事に市川先生の面を見切り、胴を打たれた。

しかしながら市川先生も思い切って打ち切っていたので、たとえ打たれても、あれだけ捨身の気持ちで打てば、よく跳び込んだという評価が出てくるのではないだろうか。すなわち『打ち上手打たれ上手』ということだ。途中、西先生が「さぁ、来い！」という気魄を示されたが、その辺りはやはり先輩であると感じた。

中盤以降、市川先生は懸命に形勢を逆転しにかかったが、西先生はなかなかそれを許さない……。これは切れ間のない見応えのある攻防であった。しかし最後の最後で市川先生は執念とも言える面を決められた。

お互いに稽古十分。そして先と先のとり合い。気魄と気位の攻めぎ合い。まさに攻防一致の戦いではなかったかと思う。その意味では、お互いに良い相手に恵まれなければ、好演武は生まれてこないということを実証した一番だったと言えるのではないだろうか。

大野操一郎範士九段（東京）
中倉　清範士九段（東京）

最後に私が最も感銘を受けた今大会の掉尾を飾った大野操一郎先生と中倉清先生の立会について述べてみたいと思う。大野先生は私の恩師でもあるので、身びいきな評になるかも知れないが、その辺の事情はあらかじめご諒承願いたい。

プロローグ

大野先生は今年、米寿を迎えられた。対する中倉先生は七十九歳である。その大野先生が今大会に出場されると聞いた時、私は正直言って、人間八十歳を超えたら一歳違いは十歳違い。下手をすると立っておれないのではないか……。逆に無駄死という結果に終わってしまわないかという一抹の不安があって、「やって欲しくない」という希望を先生に申し上げた。

ところが先生は「命をかけてやる！」という程、決意が固い。そこで「では、どういうお考えで立会に臨まれるのか、もし良かったらお聞かせ下さい」と伺ってみた。すると、私の予想とは全く違った答えが返ってきたのである。

「私は中倉先生より、十年長く生きている。そしてまた本当の剣道を歩んできたつもりだ。その集大成をこの最後になるであろう京都大会で披露したい。それは打たれるかも知れない……。でも本物は打たせない」

これは非常に立派な考えだと思う。恥かしながら、私のような凡人には到底そんな発想は湧いてはこなかった。すなわち十年長く剣道をやらせてもらっているという心意気を表現したいという深い信念が隠されていたわけである。

そこで「分かりました。では例年のごとく私が防具を預からせていただきます」とお願いし一路、京都へとご一緒させていただいた。大会当日は先生の着付けをお手伝いし、面持ちをさせていただいた。

この立会が決まる前からの大野先生の修行ぶりを改めて振り返ってみて、本当に感心するなと思うのは、とにかく自分の修行を欠かさないということである。現在の最高峰である九段になり、また先生くらいの年齢になれば、師範となって今日は○○大学の指導、明日は○○道場の指導、あるいは○○会の指導など、指導という場面だけで終ってしまい、その立場から肝心の自分自身の修行がなかなかできなくなってしまう……。

ところが先生は国士舘では学生たちに稽古をつける一方、修行の場を求めて、全剣連の合同稽古、講談社の朝稽古、更に世田谷連盟の稽古などに出掛けられている。そういう今もって出稽古を欠かさないという精神、姿勢はまさに真の修行者ではないかという気がする。

修行で自己の健康管理もされている。ここ数年、出られなかったのも、白内障が進んでいたからだ。しかしそれも特殊な眼鏡によって解決されたので、「中倉先生との立会をお受けしたい」となったわけである。

中倉先生もそれに対して、昨年は断られたようだが、今年は再度申し込まれたので、「それならばやるぞ！」という気概で応えられた……。中倉先生はさすがに〝剣鬼〟（鬼伝）と言われるだけあって、立会えば年の差は関係ない。容赦しないぞという生き方をされている。おそらく徹底してやられるだろうと思っていた。

我々が学ぶべき点は、大野先生の修行の心懸け、心意気……。全国に数千人いる教え子たちへ、さらには剣道界に対する指針を与えよう、すなわち修行に終わりはないということを、自らの姿をもって示そう、率先垂範の精神を示そうとされたのだと、口には出されなかったが、私にはそう感じた。

そういう戦いに臨むまでのプロセス、心境というのを、私は肌で感じたいし、そこにまた大いに学ぶべき点もあるのではないかと思う。それは我々にとってまさに生きた教育であり、あらゆる物的価値を超越できるものではないだろうか……。

そしていよいよ大会当日――。立会の一時間から40分くらい前にかけて、いよいよ防具を着けられるというので、控え室にて細心の注意を払いながら、その着付けをお手伝いした。そうして審判の顧問席へ再び戻られた。私はというと、先生の斜めうしろに待機していた。

その後、立会の14〜15組前になると、先生がうしろを振り返って、私をさがされた。私は面持ちとして万全を尽くすつもりであった。おそらく肘当てだろうと予感して、すぐに「ここにいます」という合図をし、先生の側に寄っていって「気になさっているのは、肘当てではないですか……」と言うと、「おぉ、そうだ。それがないと戦いができないからな」「面の中に入っていますから、心配しないで下さい」「そうか、ありがとう」と言って安心された。

やがて10組くらい前になると、再び振り返って私をさがされたので、次は竹刀だなと直感して「先生、竹刀ですか」と尋ねると、「おぉ、そうだ」と答えられた。先生は筑籠の竹刀と鉄心の竹刀の二振り用意されていて、東京では鉄心の方を使われるだろうという話だったけれど、私は鍔をつけてさしあげようとした時に、そうでないもう一振りの方を使われるだろうという密かな読みがあったので、「先生、こちらの方を使われますか」と尋ねると、「おぉ、私もこちらにしようと思ったんだよ。どう思うか」「先生の思われる通りだと思います」「よし、それにしよう」と決断されて、持ち重りのしない方を選ばれた。それも私としては読めたわけである。

この時、戦いの時が迫るにつれて、果たして先生はどういう心境になっているかということを、私としては何とか以心伝心したいと思っていたが、それらがことごとく通じたという喜びを感じた。

そして立会審判を終えて、5組くらい前にいよいよ西の選手控え席の方へ向かわれ、あらかじめ用意された椅子に腰かけられた。その間、大野先生の気持ちの高ぶりを丹田に沈め、徐々に気迫へと切り換えていく様が側にいて肌で感じることができた。

そして面を着ける段になって、まず肘当てをさし上げ、面タオルをさし上げた……。面はもちろん自分で着けるのが理想だが、先生は肘を痛めておられるので、手がうしろに回りにくい。そこで私が面紐を締めさせてもらったわけであるが、その締め具合はどのくらいがよいのかということをまず感じた。その締め具合によって微妙に剣道も変わってくる。先生にその具合を確認しながら締め、その後、竹刀を手渡した。

そしてしばらくすると、「向いの入口から光が入って非常に目が疲れるから、何とかしてくれないか」と言われたので、側にいた私の弟子に早速、それを処理させて、戦いに臨む場に対する憂いもなくなった。あとはもう出番を待つばかりである。

残る一つの私の役目は、いつ先生に「さぁ、出番です」と伝えるかを推し量るのみだ。すなわち2分半あまりの立会に向けて、果たして何秒前にそれを伝えるのが一番良いか……。何故、そんなことを言うのかというと、立たれた時機が早過ぎても遅過ぎても、それまでの緊張の糸が途切れてしまいそうな気がしたからである。同時に先生の着装の背中と袴の皺を伸ばすなど、それをもう一度整える時間が欲しかったからだ。

そして前の立会が、そろそろ終わりそうだなという時に、「さぁ、立ちましょう」と声をかけ、袴のすそを引き、「すべていいです」と言うと「よし！」と気合十分に、いよいよクライマックスである立会に向われていったわけである。

大技の面

立会は中倉先生の勝負に徹した剣道に対し、大野先生も一歩もひけをとらないお互いに充実した立会だった。ただやはり中倉先生は挑戦者の心懸けを終始とられた立会ではなかっただろうか。常に「先」をかけて先に技を出され、そこを大野先生は返し技で応じられていた。言い換えれば、打って打って打ちのめしてやろうという鋭い気魄が感じられた中倉先生に対し、やはり大野先生の場合は教育者の剣道という印象を受けた。

そして中盤、中倉先生の小手を凌いで、直後に放たれた大技の面を見て、先生の剣道観を変えたという内藤高治先生のお話を思い出した。

大野先生は、島根の松江中学時代に剣道を始められ、武徳会の講習科出身の芦田長一先生（映画俳優の芦田伸介氏の父）の指導を受けられたそうである。先生の一族は医者の出だったけれども、初めての試合で24人抜きをやった程、剣道の才能があったので、その芦田先生に一人くらい剣道の専門の道に進んでもよかろうと、御家族を説得されたと聞いている。

その芦田先生を通じて、内藤高治先生が中学校へ来られた時、先生にかかっていく機会に恵まれた。そして試合に多少勝っていたものだから「ヤァー」と気合をかけて、得意の小手―面をパンパーンと打った。すると内藤先生は例のブルドッグのような大きな頬を横にブルブルッと震わせた。

平成元年第37回京都大会の掉尾を飾った大野操一郎範士九段と中倉清範士九段の演武

中倉清範士との演武を終えてすがすがしい表情の大野操一郎範士

そしてもう一度、小手―面と打っていき、見事に決まって得意満面でいると、また首を左右に振られた。大野少年はおかしいなと思って首を傾げると、内藤先生はたった一言「大きく！」と言われた。そして「よ〜し」と思って、言われた通り、大きく振りかぶって今度は面を打っていくと、またまた首を振って、「もっと大きく！」と言われた。そこでさらに大きく振りかぶって面を打っていくと、「うむ〜、なかなか立派だ」と言われて、蹲踞されたそうである。

この瞬間に、「なるほど名人というのは、大技で剣道をするのか、と思って自分の剣道観が決まった」というお話を伺ったことがあるが、この立会でその教えを実践されたのだと思ったものである。

戦いが終わった後、大野先生に「中倉先生の次々に繰り出される技に対し、防ぐのが精一杯かと思ったら、逆に中盤から襲いかかっていかれたではないですか」と言うと、「う〜ん、私も最後だという気持ちになったら、すべてを出し尽してやろうという心境になった……」と言われた。またある先輩には「沢山の教え子たちに恥かしくないように……」という心境を語られたそうである。

そして今回、初めて「自分がどうだったか、何をやったのか分からなかった」とも言われていた。しかし立会を終えられた後の表情は実にスッキリとされて、言葉通りすべてを出し尽くしたという印象を受けた。大野先生の大技の面、かたや中倉先生の捨身の遠間からの刺すごとき面と両者、まさに演武されたわけである。

剣道家というのは、そういった爽快感を本当は味わえるはずなのだが、我々はなかなかすっきりした気分になれないものである。逆にこうすれば良かった、あぁすれば良かったと思い悩むことの方が多い。そしてまた新たな課題をつくっていく……。しかしそれがまた楽しみでもある。

テーマを持って臨み、課題を持って帰る。言うならば、京都大会は一年の修行の成果を披露する研鑽の場であると同時に、大きな感動と宿題を諸先生に頂いて帰る。そのことが、今大会の大きな意義でもあるのではないだろうか。面を外された時のあの笑顔こそ真の武芸者、いや剣道家そして教育者の姿ではないであろうか。

◉

最後にもう一度『日本音楽の性格』の中から、次の一文を抜粋して、この観戦記のまとめとしたいと思う。

「強い者必ずしも強い音楽を要求しない。感動は必ずしも刺激の量の大きさによるのではない。悲しい音楽を愛する国民必ずしも亡国の民ではない。真によいもの、真に美しいもののみが感動を与えるのである。そして感動の道は涙に通ずるのである。いかなる質の感動も究極は涙にまで高まるのである。涙は弱者の心をますます弱くする毒酒ではなく、強者の心を磨き清める精神的な手水《ちょうず》であり、『みそぎ』である。表面的に勇ましい行進曲のようなものが、果たして国民の士気を鼓舞するものであろうか。音楽は文学や映画などによる思想的、概念的な鼓舞と違い、きわめて直接的な感覚的な鼓舞となるものである。感動や感激はよいが、それが煽動や興奮となる時はもはや許せない害毒ではなかろうか。感動と興奮とはまさに紙一重の差である。しかも真の感動とは、腰の落ち着いた姿であり、張り切った姿でなくてはならない。ところが興奮とは落ち着かない姿であり、ふらふらした姿であり、何も手につかぬ姿である。前者は工夫し、熟慮し、反省し、仕事の能率を増進させることのできる精神状態であり、後者は頭のいらいらした、のぼせ上がった、無思慮な、ゆとりのない、怪我やあやまちを犯しやすく、仕事の能率を低下させる精神状態である」

我々、剣道家もこの「感動と興奮」の意味をはき違えないような剣道観を養っていかなければならないと思う。

ちなみに大野先生は尺八の名手であり、号を雲外と称し、当代の三本の指の一人といわれ、九段昇段の折、諸先生から「おめでとう雲外さんもこれで尺八の位と並ばれましたね」と称えられたのを聞き、先生のさらなる藝の深さ、偉大さを感じたものである。

第十一章　勝負の本質

昨今では、全国各地であらゆる層にわたっての試合が百花繚乱の様相を呈している。試合というと、そこに当然「勝負」という要素が大きくからんでくる。ところがあまりにも試合が多過ぎるための弊害か、我々はその「勝負」という言葉の意味、あるいはその本質を誤って浅く捉え過ぎてはいないだろうか…。すなわちあまりにも低次元のところ、言い換えるなら原始的レベルの戦いにおいて勝ち負けを争って一喜一憂しているのではないかという気がするのである。そのため、一方ではその表面的な動作のみに捉われ「勝負」というと、なんだか悪い意味に解釈してしまったりもして、混乱をきたしているのが現状ではないだろうか。

大きな夢

教育の中で最も大切なことは、子供達に夢を与え育てるということだと思う。林業などはまさしくその典型で、自分が植えている苗木は、まだこの世に存在しない自分の孫の時代を夢に描いているわけである。年数ではそれには及ばないものの、小学校の先生なども同様に、道徳教育というさらに何十年先の人生にまで生かされるべき遠大かつ重要な任務をになっているわけである。

しかしながら現在の教育にはその大きな夢というのがなくて、身近な現実的な夢ばかり追っている。剣道の指導者も例外ではなく、自らが手柄を立てたいというのか、遠い将来を夢見て、それがやっと現実になった時に蔭ながら喜ぶという指導者というのは、今は少ないようだ。非常に献身的なのはいいのだが、その代償もすぐに要求するというところに「勝負」ということの本来の価値観を狂わせている原因があるような気がする。

だからその傾向が稽古の内容にも端的に表われている。すなわちあまりにも技術的なことを教え過ぎるのである。あの選手は出小手が得意だから「あぁしろ、こうしろ」ではそれにこだわってしまうばかりで、勝負ということの本質を見失わせるばかりである。

私は父に「『一番美しい姿勢は一番強いはず』これを目標に日々、稽古しているのだから、試合でもそれを実践しなさい」と、子供の頃から指導を受けたことを今、大変感謝している。

その子供の頃、試合から帰ってまず父から聞かれたことは「『五島の面』は打てたか?」である。いわゆる大きな面で、それが試合の場でも実践できれば、面を打ってたとえ胴を抜かれても、あるいは小手を押えられても「良かった。良かった。今度はいつ打つかを考えなさい」と逆に褒められたものである。この目先の勝敗にこだわらない遠大な指導のおかげで、今では稽古も試合も同じ方法でできると確信している。

また大学生の頃には、試合の数日前になると、五島の父から「全力を尽くして日頃の修行のとおりの試合を心懸ければ結果はいいよ」という内容の手紙が届き、試合当日はその父、母のことを想い出しつつ、今、おそらくこの時間には先祖の墓に詣でて「息子が立派で、悔いの残らない試合ができるように」あるいは「怪我をしないように」と祈ってくれている……。その光景を想い出しつつ試合に臨んだものである。父はことあるごとに子供達に先祖の話を語ってくれたもので、二代、三代前の御先祖様のイメージが子供心に浮かんできたものである。また、民族教育にはことさら情熱を傾けて英雄・偉人の話に心躍ったもので、特に西郷隆盛、勝海舟、高橋泥舟、乃木希典、東郷平八郎等々の英雄伝は感動と涙なしでは聞けぬ熱のこもった話であり、それがまた稽古のひとつでもあり、大いに夢を育ててくれた。特に好きだった乃木将軍の話は涙なしでは聞けぬ情熱ぶりであった。

私は試合に臨む際にも、そういう情感というものを大切にしたいと思っている。だから今でもそうだが、京都大会などでも相手は誰で、どんな技が得意で……などということは全く気にならない。いや、気にしたくないのである。全く白紙の状態で臨みたいと思っている。あの荘厳なる武徳殿の神前において邪心なき立会が出来るかどうか。そして果たしてどんな相手に対しても、自分の思っているような剣道が表現できるかどうか。すなわち試合とは日頃、稽古で培っていることができるかどうか確め合い、反省する場と解釈してはどうであろうか。それに勝敗という結果が後からついてくる。ところが今は『勝敗』という要素にあまりにも比重がかかり過ぎているから、勝てば良い試合で、負ければ悪い試合となってしまうわけである。

その意味で現在の剣道には雄大な発想やひらめきがないと言えるであろう。今日は一体、何をテーマに稽古をしているのか、全く判断できない。だから見ていてもつまらないし、またやってもつまらないだろうなと思う。ただ勘を養うためだけの稽古である。勘というのは、その日の調子、あるいは相手のタイプによって大きなズレが生じてくるものだ。

そんな勘や運動（反射）神経に頼った最も原始的な稽古法を、今、科学的と思って取り組ませているのではないだろうか。だから試合も当然、その勘や運動神経の勝負であり、それにすぐれている方が勝つ、あるいはかくれんぼをしているうちに鬼から逃げている者が道の曲り角で〝ワッ〟と顔を出し合ってお互いが驚いて出会頭の技が決まるという内容の試合が多いのである。だから味がない。

とくに現在の高校剣道などは野生を育てているだけである。ただ単にすばしっこくて豹のように飛びかかれということのみに時間と数をかけて取り組ませているような気がする。しかしながらやがてその野生の能力も16〜18歳をピークにして落ちていく。すると正しい方法で教わっていないから、これからようやく本道に入っていくという時に入ることができないのである。だから将来性のある大物選手を引っ張ってきては殺してしまっている。試合を見ると姿勢も何もあったものではない。ある大学主催の高校生の「○○旗とか○○杯」に偶然ある大家の先生に質問の機会を得たので「全般的にいかがですか」と感想を求めたところ「こんな指導や、やり方では大物はまず育たないね」とのことで、内心ホッとしたが、次の言葉には失望をかくせなかった。「しかしあぁしなければ勝てないんだよ」と言わしめる……。すなわち根本から現代の大家といえども剣道観を狂わしているのである。

何故、そういった弊害が起ってくるのかというと、指導者が自分の能力の範囲の中だけで何もかもいじり過ぎるからだと思う。自分の指導範囲はここまで、これから先は次の先生に委ね、宿題を残していくということがない。また次に委ねるべき先生も少ないのが現実ではないだろうか。よく言えば完全主義、悪く言えば自己満足である。剣道は剣の道が道となって将来につながった教育になっていないのである。だから小粒になってしまうのである。このことは日本人の悪い癖であろう。それは他の競技でも同様のようである。たとえばスポーツ傷害でも、結局、子供をいじり過ぎることによる弊害なのである。大リーガーの名投手達に「あなたがこれまで来れた原因は何か」と尋ねたら「子供の頃にコーチに細かくいじられなかったからだと思う」ということを一様に言っているそうだ。

ところが日本のリトル野球などを見ていると、保健体育的なことなど何も理解していない人が、たとえばプロが500球投げているから、単純に子供は200球投げるという発想で教えている。当然、肩や肘に傷害が起きてくるわけである。

子供というのは元気で熱心で、物を知りたがり、また純真で無邪気で空想力に富み、かつ健康で信念に満ちている。それらの長所を生かさずして、押しつけの指導でもって精神的にも身体的にもことごとくその長所を殺してばかりいるのである。そしてそれが過度になってマイナス面にまで作用して、初めてその指導が間違っていたことに気付くのである。しかしその時にはもう遅い……。

その傷害ということを『勝負』に置き換えても同様で、勝負の本質、厳しさというものをあまり知らない。また自分自身で体験したことのない人があまりにも強烈に教え過ぎる。もちろん知らないから良い面もある。が、知らないのなら、極端な勝負事を抜きにして教えればよいと思うのだが……。

おそらく現代の剣道の多くは、日本固有の伝統文化である精神教育や民族教育の源流ともなるべき神殿も存在しない体育館的な場所での練習による弊害が出ているのであろう。精神教育なき剣道に道の探究など存在する訳などない。道場稽古の本来の良さというのはそこのところにある。

そういう低い次元での『勝負』に勝ったって本当の喜びを味わうことはできないと思うのだが、指導者も選手もそれで十分満足している……。そこに勝負の本質を見抜けない現実の姿が浮き彫りにされているようである。だから勝てば、実力があると勘違いしてしまう……。

そんな「勝てば官軍、負ければ賊軍」という浅い考え方は真の教育とは言えない。『勝負』というのはもう勝ちと負けしかない。その境界線というのは明確にして非情である。すなわち試合というのは負けるものなのである。その負けた試合をその後、どう生かしていくか。それが大事なのだ。が、そこのところがなかなか割り切れない。負けることを恥じるのである。

闘いというのは、五分五分の実力、あるいは自分より強い相手に勝ってこそ喜びがあるのであって、あまり稽古しなかったけれどもたまたま調子がよくて勝てましたというのは、ただ単に相手が弱かったというだけである。

結局、『勝負』に対する考え方も、やはり良師がいなければ、安易な方へ方へと流れていってしまうもので、深く進んで行けない。その意味で剣道の指導者の『勝負』に対する思想は立派であって欲しいと思う。稽古でいくら数をかけても、質が伴なわなければ、悪くなる一方なのである。またどんなに努力しても相手がより強ければ勝負には負けるものなのである。勝負師といわれる人ほど過去に多くの負けがあり、負けの上に現在の実績が活かされ、積み重ねられていると考えてほしい。

信じた正剣は最も強い

芸道というのは、方法が間違っていれば一日の稽古でそれを100回やると、100回の間違いを身体が確実に覚え込み、二日で200回、三日で300回……と、際限なく増え続け、間違い=悪い癖を完全に身体が覚え込んでしまうものである。すると試合でも当然、その悪い癖が出る。たまたま注意されて出すまいと思っても緊張してしまうと、必ずその悪い癖が出るものだ。

癖には良い癖(=得意技)か、悪い癖か、どちらかしかないものである。だから良い癖を身につけるよう普段の稽古から努力しなければならない。ハッと思った瞬間に、間髪入れず正しい技が出せるか、あるいはパッと手元を上げて受けるか、そこが一流と二流の分れ道でもある。結局、数と質において、その質と数が正しいかどうかは、やはり遠い将来を見つめた良き師がいなければダメだということであろう。その意味で芸道というのは良くなるか、悪くなるかその道は二つに一つしかないものなのである。

ただ剣道の場合、先にも述べたようにそこに『勝負』という要素が大きく立ちはだかってくるので、芸道本来の感覚を大きく狂わしている。すなわちそのことが勝てば悪い癖でも良い試合となり、負けると良い遺いっぷりでも悪い試合となってしまうのであろう。

勝負の世界においては、「疑問を持った正剣よりも、信じた邪剣の方が強いもの」だ。しかしそれは「うまくなりたいか、強くなりたいか」ということと同じであり、最初から「強くなりたい」という人にはやはり限界がある。すなわち「信じた正剣はもっと強い」ということである。

現在、愛媛県警の大将をしている宮脇裕人君はこの鶴川剣道部の出身だ。その彼が4年生最後の都下大会の一週間前に、私との組討ちでひっくり返った時、右足首を骨折して、翌日ギブスをはめて道場にやってきた。そして「稽古を見学させて欲しい」という。そこで私は気の強い彼の性格を承知しているから、「この根性なしが、試合に出ないつもりか」というと「医者は…」「医者の話なんか聞いていない。おまえはどうするつもりなんだ」「出られるものなら出たいんですが……」「なんだ足の一本くらいで、右足がダメなら左足でやればいいじゃないか、この根性なし！」無茶な話だが、そう言うと、彼は怒って出ていった。そして寮に帰って石膏をカナヅチで割ってきて改めて稽古に出てきたのである。

そして一週間後の試合では下手にパーンと打って出られないものだから、ジックリ攻めて相手が出てくるところをパッと押えて、全勝で優勝した。試合後、私は「元気な時よりいいじゃないか」と彼に言ったが、今もその時のことが彼も私自身も深い想い出として残っている。このことは師弟の愛が根底にあってのことなのである。その後、全日本選手権大会ベスト8の記録を残した。

結局、指導者というのは、一人ひとりの性格というのをきっちりと把握して指導に当たらなければならないということではないだろうか。ところが昨今ではどこも一様に団体訓練である。そういう中で育った子供たちというのは一人ひとり、独立した時に弱い。いわゆる名門崩れと言われるのがそれである。

私の父は子供たちが50人いたら、50人全員と必ず稽古したものである。もちろん手抜きはしない。そして一番大事なことは、以前にも述べたことだが、子供たちよりも縦横無尽に動くこと。すると子供たちは面白がる。引き立てておいていかにも先生を打ったと思わせる指導は立派である。そしてその子供たちから指導者自身も学び、強くなる。これが私の究極の目標でもある。

その意味で剣道というのはやはり手塩にかけなければダメだということである。そして親もその指導者の意図するところをよく理解しなければならない。子供達が家に帰り、「おかあさん、今日先生をパーンと打ったよ」親は打たせてくれたと思っても、「あぁ、そう。強くなったんだね。また明日も頑張りなさい」と言えばいいものをあまりにも現実的に「それは先生が打たせてくれたんだよ」と突き放すように言って、子供の夢や希望をつぶしてしまう。だから現代の子供たちは非常にクールで「打たせてくれた」「まぐれです」というのである。

ベルトコンベヤーの流れ作業のように、人間も物も一緒さという感覚では、立派なスケールの大きい人物は育ってはこない。スイスの時計が精緻で素晴しいと言われているのは職人がたとえネジ一本であろうとも、それを締めることに生きがいを感じているからであろう。そんな精魂込めている時計だからこそ使えば使う程に味が出てくるわけである。ドイツの職人魂もしかりだ。時計の世界でも「ロレックス」は十年以上過ぎてなおかつプレミアがつき数倍の値がつくという。例えば「ロレックス・ポールニューマン」等は壱千万円以上の値がついている。

話が横へそれたが…。

試合というのは実に正直である。努力したと言い切れる時には、可能性というのは必ずある。ところが心に少しでも不安やためらい（心のネジがゆるんでいると）があると、勝てないものだ。私自身も過去の数々の試合を振り返ってみると、やり切ったという時には、たとえオーバーワークであろうが、やはり成績はいい。

独り稽古の大事さというのはそういうところにあると思う。私が学生の頃に教わった陸上競技部の名部長に金子藤吉先生がおられるが、第一限の授業の訓《おし》えに「自分でやる者　上の上、言われてやる者　中の中、言われてやらぬ者　下の下なり」がある。結局、最後は大野操一郎先生がよく言われる「やっぱり頭を使わなければなぁ」ということであろう。体力あるいは素質があって強い人は沢山いるが、それらの人が伸び悩んでいる現実を見ると、その言葉はなるほどなと思わざるを得ない。それがまた稽古の質と量ということにも結びつくのであろう。

たとえば今日の稽古は気合を入れてテーマを持って臨もうと言ったって、途中でハッと我にかえってみると、その一つのことさえなかなかできていない。あらかじめ決めておいたことさえできないものが、一旦、面をかぶってさぁ何か工夫しなければと思っても、そうそうひらめくものではない。

結局、稽古の中にテーマというものが存在していなければ、半分狂った状態の中で叩き合いをやっているというだけである。そして当たれば満足し、当てられれば悔しがる……。ただそれだけである。いわゆる先に述べた野生だ。その野生を昇華させ、いかにして高めるかということが芸道であり、相手に自分の心を打たれたと考えるならば自然に打たれて「有難う」の心境になれるはずである。

剣道ではよく〝平常心〟とか、〝無心〟あるいは〝不動心〟という言葉が好んで用いられるが、それこそが、野生を氷解せしめる酵素であるといっても良いかも知れない。

そういったこの先生の一番のエキスは何だろうかという洞察力、剣道というのはいわば先を読む、先取りすることの『勝負』である。それには「転ばぬ先の杖」と言われるようにやはり業前を大切にしなければならない。

日本の書画でも白紙に向ってジーッと構想をねっている時間の方が長くて、それが決まると一気に描き上げてしまうという特長を持っている。いわゆる無駄のない省略の美というのであろうか。線を非常に大事にする。一方、西洋画というのは、塗り込んで塗り込んで修整を加えつつジックリ時間をかけて描き上げていく。

あのゴッホ（オランダ）も日本の浮世絵版画のもつ単純な色と線の処理、あるいは自由奔放な、そしてすばやい仕上げと純粋な明るい色調の魔術に打たれ、大いに研究して取り入れたと言われている。

闘いというのも、居つかず終始先をかけて攻め込み、相手がそれに負けまいとして、動じた気持ちが形に現われようとするところの出頭を打つ、あるいは同じようにして、相手が攻め負けて受けようとする心が形に現われようとするところをとらえる。

具体的に言うならば、打とうという気持ちがあって、その気持ちが動作に変化しようとする瞬間というのは人間が居つく。そこをとらえるのが先々の先である。あの有名なドイツの撃墜王もその離陸する瞬間だけは相手の攻撃を防ぎようがなかったと言われている。

この起こりをつかまえる練習を繰り返し繰り返しやれば、弱い者でも強い者に勝つ可能性はあるものだ。だからそれをテーマに絞って一所懸命に取り組んでいる時は、いくら打たれようが、抜かれようが、それは目的を伴った稽古だから大いに評価すべきことだと思う。『打ち上手に打たれ上手』というのはそこのところである。しかしその我慢がなかなかできない。相手の動きに自分が一緒になって踊ってしまい、また最初は速さに頼ろうとする。速さに頼る時代には斑《むら》があってなかなか収まってくれない。やがて真理は速さではないことに気がつく修行が成されれば、美しく優雅な剣風へと昇華され、芸道・文化へと発展して行くのである。最初は当然、うまくいくわけはない。たまたまできたなら、よっぽど運がよかったと解釈すべきなのだが、そういう感覚ではない。すぐにできればもうけものと信じ、できなければ難しいものと早々に諦めてしまうのが、現代の風潮ではないだろうか。

人間は自分に都合の良い時には、誰でもある程度のことはできるけれども、都合の悪い時にどれだけのことができるか……。要するに野生をムキ出しにやっては都合が悪いから、それを都合良くする。いわば二律背反した要素を持つ剣道だからこそ平常心とか無心という状態を感じ、また学ぶことができるわけである。それが人間形成ということであろう。すなわち美しい姿勢でやろうとするから良くなるのであって、そういう思想が反映してくれれば、勝っても負けても良い試合だったという評価が生まれてくるのではないだろうか。

純ジャンプなどは飛型点、いわゆる姿勢と距離で得点が争われる。あるいは体操、フィギュアスケートなども技術点の他に、芸術点というもので評価される。それらの競技内容の共通点は、すべて命のかかったものであり、一歩間違えば、不具者にもなりかねない危険性というものと隣り合わせの競技である。

剣道が初・中級者のピンポンゲームなどのように、姿勢よりもむしろ俊敏な動きを要求し、とにかく打って打って打ち負かせば勝ちという内容になっているのは、きっと本当の意味での真剣味という感覚が薄れてしまっているからではないだろうか。すなわち竹刀剣道で育ったということであろう。これでは同格で競り合った時、最後は基本の出来た者が勝者となる。

私は子供の頃から、真剣で教わった。だから刀に対する畏敬の念というのが非常に強い。すると自ずと竹刀でもいいかげんに取り扱わないものである。そういう教育の導入の方法、すなわち本物を知るということもある意味では大事ではないだろうか。

ところが時代とともに剣道もさまざまな商品が開発され、あらゆる面で合理的になっている。すると壊れなくて長持ちするからと言って、次第に粗末に扱うようになる。物を粗末に扱うということは、同時に心も粗野になっている、ということである。これでは剣道をやる以前から人間形成の道どころではない。「カーボン竹刀に軽くて薄い防具」を心配している。

防具にしても、面タオルの着け方でも古来のかぶり方では今の子供は無器用で指導者が待っておれないから、面倒だからと、あらかじめ袋のように折り込み、それを頭からスッポリかぶって汗止めの意味も何もなく、連盟も簡単だからと認めてしまう。これでは何のために伝統ある武道を学ぶ意義があるのであろうか。

負けたら竹刀で床を叩いて悔しがったり、またある名門校の選手などは、これから試合に臨もうとする時、気合を入れるために、竹刀で足をパンパンと叩いたりしている。いわゆる刀で自分の足を斬っているわけだ。そういうところにもその指導者の教育の思想が端的に表われている。この選手の先生は一体、どんなことを指導しているのか……。弟子を見れば指導者の心がすぐに分かるというのは怖しいことである。

まずもって、『勝負』ということ以前にそういった普段の礼儀作法などというものから慎重に心懸けるべきだと思う。そしてその心懸けが試合に反映されるようになれば、『勝負』に対する本質も見極めることができるようになり、日々のこれだけの努力は無駄にしたくないからと思い、一本を大事にして無駄打ちもしなくなる。試合に対する執着心は良い意味で作用してくるものである。剣道の精神を生かすも殺すも要は指導者次第なのである。

第十二章　我が人生の回想録

今を去る30有余年前に『剣道藝術論』を、当時の若き編集者光成耕司氏と真に二人三脚で否、そうではなく、相当のアドバイスや援助を受けつつ著作に没頭したことがなつかしく思い出される。40代の助教授の頃である。

また恩師・範士九段大野操一郎教授、剣道部部長や範士八段井上正孝教授の励ましを受け、「40代の若輩時代にしか書けない事例も多々ある。勇気を持って刻苦勉強しつつ取り組みなさい」「大いに期待しているよ」との大先生方の後押しに力付けられ『藝術論』として書き進めた。

この度の拙著復刊にあたり僭越ながら我が人生の回想録を綴ることにしたい。

師が体験から得た教訓
「芸術に失敗はない。決して諦めてはいけない」

私の剣の道は3歳より始まったが、我が剣道と人生を語るうえで師で父である武雄のことを改めて書かねばならない。生涯の師匠として顧みると、技術も然ることながら、それ以上に芸術家であった。即ち、本業は彫刻家であり、若くして五島を代表して東京の官立水産講所（現東京海洋大学）別科（貝殻珊瑚彫刻専修）に入学（後、中退）。また、農商務省主催彫刻及び図案長期講習も修了している。そうした修行時代に高名なる諸先生方のカバン持ちとして俳諧・和歌・詩吟・剣舞・書道・日本画等々にも励み精通し、「逸水」と号した。

また独学による五島列島の成立を世界に伍する地理・地質の考古学、海洋生物、人類学、動植物、気象学を調査し、列島の優れた特異性を認識し、自信を深め、東京大学名誉教授の権威ある辻村太郎氏（日本地理学会会長）を招き、その素晴らしさを辻村氏が認め、ついに九十九島と合同で西海国立公園という名称で指定に漕ぎ着けたのである。しかも自費かつ無償で尽力した父の偉大なる情熱の証として尊敬を集め、五島剣道の父としてのみならず、学術分野の点でも高い評価を受けた。

また漢文教練の教師としても実力を遺憾なく発揮し、日本舞踊・都々逸の漢文力によって七七七五の四句をたくみに駆使してパーティーや結婚式での披露は指名者や参加者を唸らせる芸達者でもあった。

父は、特に名産の五島珊瑚（当時富江町（現五島市）は世界的な珊瑚の産地として知られていた）と、当時五島近海を回遊する鯨や五島出身の南氷洋における世界一の砲手（銛打）として活躍した名人たちによって齎（もたら）された抹香鯨（歯鯨の一種）の牙を材料とした物の半立体彫りに一石を投じた。伝統の中国彫りに対し、新境地を開き日本独自の生き生きとした「日本彫り」を確立したことは特筆すべき功績であった。特に珊瑚と鯨を組み合わせた作品は絶品と称された。

その功績により当時の東洋博覧会において見事金賞を射止め、日本彫刻界を驚かせた。後で実は金賞は意外な事故から端を発していたということを知った。

当時でも数千万円の価値のある五島の木瓜（ぼけ）珊瑚による観音菩薩の一本造りに取り組んでいた時であった。その珊瑚は材料・質感・重量・色合い、そして無傷の最高級のものであった。観音像は構想、材質の吟味、デザインの決定に数年もかけられ、やがて荒彫・仕上げ彫・磨きから総仕上げと進んでいくが、磨きの段階で事故は起きたという。

完成間近の磨きの仕上げの段階で、熱を持った研磨状態の時、突然お像の一番大切な部分が大きく欠落し、一週間くらいは悄然として仕事も手につかず、その間、工房にも出かけなかったことを、子供心に「父さん、なにかあったのかな？」と普段明朗闊達な父の様子を敏感に感じ取っていたことが思い出される。

そんなある日父はこの突発的な事故に対し、重要部分の欠落を逆手に取り、中国数千年来のデザインを捨て、父の本来持ったデザイン力を駆使して新境地を開き、見事東洋博覧会の金賞に輝いたのである。

この体験から父は幼い小学生の私に「欽司、芸術に失敗はないのだよ！　決して諦めてはいけない」「なぜ！」という私の質問に対して、諦めてはいけない先の事実体験を語って聞かせてくれたのである。

もし仕上げが順調で事故が起きなければ、結果は異なるものとなったかも知れない。「欽司の教訓にしなさい」と、父は物事に飽きっぽい私に諭してくれた、と今さらのように感謝しているが、この性格はいまだ76歳にして課題として挑戦中であるが……。

そのほか、「正義に恐れなし」は言うは易く行なうは難しで、一生涯の課題。また「大きな勇気、小さな勇気」の話も想い出す。この訓えは子供が海や川で溺れていると大人は勇んで助けに行くが、街中で小さなごみを見ても大衆の前ではなかなか拾うことは難しいということである。

父の文武の文の分野はこの限りにあらずだが、次に武に繋がる分野の一端も披露させていただきたい。なぜならば、繰り返しになるが私の人生観・生き方すべてにおいて父が師。師匠である武雄の影響なくして今までもこれからも一歩も剣道の技術的分野においても思想的分野においても進みようがないからである。

武芸十八般は『広辞苑』によると

「弓術・馬術・槍術・剣術・水泳術・抜刀術・短刀術・十手術・銑（しゅり）鋧（けん）術・含針術・薙刀術・砲術・捕手術・柔術・棒術・鎖鎌術・錑（もじり）術・隠形（しのび）術」といわれている。

現代の剣道家では武士の必須の条件であったそれらの武芸をどの程度の人が私を含めて身につけているのであろうか。

父は剣道をはじめ弓道・銃剣術・十手術・居合道（無双直伝英信流、古流の越後流居合抜刀術）・相撲道・水泳術・手刀術等々を修行しており、段のあるものだけでも合算すると三十有余段となる驚愕の修行ぶりであったと言わざるを得ない。

私が30歳代のある夏休みのこと。四兄弟も帰省していて父に稽古をいただいた。この時、長男武典（40歳代）、次男勇司（長男と1歳違い）、三男英樹（30歳代半ば）。長男は長崎県警本部師範、次男は長崎税関で全国税関大会で個人・団体では通算6回の優勝を誇り、三男は国士舘大学四年生の時、全日本学生優勝大会に大将として初優勝に貢献。そうした実力者であったが、一人とて稽古

父武雄60歳代の頃　　（上・下の写真提供／筆者）

右より父武雄、三女はるみ、次男勇司、四男筆者、三男英樹、長男武典（昭和38、39年頃）

にならず完敗であった。

師の剣道理念の根源

四季折々の自然を楽しみ、そのうつろいに涙せよ

父とは幼少の頃、よく野山、海、川の散策に出かけた道すがら二人きりの時、いただいた言葉や格言、自然との関りや五島を歌謡にした「万葉集」の一節を引用したりして情操教育を受けた。このような教育は私の人生の舵取りとして大いに役立ち、これまで大きく横道へ逸れたり曲がることなし。

例えば散策時、農道の轍（わだち）の間に小さく可憐な薄紫の菫（すみれ）の花を見て「気が付いていたか。小さな花に気が付く人になりなさい」そして「その菫の花になにかを感じる人になりなさい」と。5、6歳頃の出来事で終生忘れることなく「三つ子の魂百まで」である。自宅の鉢植えにちょうど可憐な菫が数種類、今が盛りと花をつけていて父をなつかしく想うのであった。

四季折々の自然を楽しむこと。そしてそのうつろいに涙しなさい。このような教えからきっと父の剣道理念が生まれたと考えられ、五島の剣道理念も「もののあわれを感じ　風流で優雅さがありおもいやりのある日本人たれ」である。この理念を実現するための訓育を重視し歴史ある日本人の誇りとする人物の逸話や実話を子供達に文言で話された。上は天皇陛下から下は名もなき人々の善行や英雄の武勇伝・極意等々で、その努力、方法、礼儀作法の必要性や実践方法、さらに真の勇

者・勇気の話だった。それを実践する子供たちは町の評判となった。時折帰省すると、名も知らぬ私に対して、ある商店主が「ご覧なさい。あの挨拶のすばらしい子供達は西雄館、馬場道場で剣道を学んでいる少年少女たちですよ」と話してくれ、実家に帰る道すがら私の心を豊かにさせてくれたものである。

さらに〝公明正大〟。「この精神が今の剣道規則や実践を鑑みて不満足であり、選手権のテレビ放映を見て何の意味で反則をとったり中断したりする意味が分からない場面が多い。試合の良い流れを審判自らが犯していると。また正々堂々も実践されていない。武士の精神が抜け落ちてしまい姑息な手段をわざわざ用いるのは、指導者の責任以外なにものでもない」という父の手厳しい意見が想い出される。

父の恩師高野佐三郎先生の言葉「足は足軽のごとく、心は大納言のごとし」をよく子供の頃に訓育されたものである。ある時、やはり選手権のテレビ解説者がその遣いぶりを評して試合巧者と表現したことに対し、「それは違う、これはまるで剣道精神ではなく巾着切り。いわゆる掏摸（すり）の剣道を取り締まる方が実践するとは何事か！」と憤慨し、やはり指導者の責任であると強調していた。

大学へ進学する際、父の私に托する教育の理想を具現化する覚悟であったのか、私が当時上京するのに三日かかり、その出発する早朝「欽司！　稽古に行こう」と防具を肩に道すがら話してくれた励ましの言葉に驚き、かつ強い覚悟と勇気を与えられたことをいまだに脳裏に焼き付いている。

その言葉とは「欽司！これから上京するわけだが、決して大学に剣道を教わりに行くのではない。武者修行に出かけるのであり、戦に行くのだ」。この言葉は、雛のような繊弱（せんじゃく）な私の精神を根本から打ち砕いてくれた。

このように父は日本の剣道教育に対して戦後の変貌ぶりを危惧し、その事実を研究し、寺子屋時代からの真の学問を求めて探究して、真の答えを私たち門人の文武教育の成果を通して教導し、世に問うために息子たち特に三男英樹、四男私を国士舘大学剣道部を通して挑戦させたと考えられる。

私の好きな言葉

希望に起き、努力に生き、感謝に寝る者は幸福である

ここで私の好きな言葉をいくつか紹介したい。まず、ある禅宗の門前に掲げられていた標語である。偶然拝見し、目から鱗のようであった。それは「希望に起き、努力に生き、感謝に寝る者は幸福である」。いかがであろうか。さらに山形米沢藩主・上杉鷹山の「なせば成る。なさねば成らぬ何事も。成らぬは人のなさぬなりけり」。同じく鷹山の「してみせて、言ってきかせて、させてみる」がオリジナルという山本五十六元帥の「やってみせ、言って聞かせて、させてみせ、ほめてやらねば人は動かじ」なども一生大切にしたい言葉である。

国士舘大学に入学して金子藤吉先生（東京高等師範・陸上部部長）の最初の授業において「自分でやる者　上の上、言われてやる者　中の中、言われてやらぬ者　下の下なり。諸君大学生活をこ

れからいかに生きるか考えたまえ」と諭していただき、一生の格言となり、私の趣味の淡彩で木板の五島椿に文言として描いております。

再び鷹山の言葉「父母の恩は山よりも高く、海よりも深い。この恩徳に報いることは到底できないが、せめてその万分の一だけでもと、力の限り努めることを孝行という」。そして出所知らずながら紹介したいのが「人はみなからだは母の贈りもの傷をつけなよおのがからだに。人はみな心は父の贈りもの恥ずかしめなよおのが心に」である。

日本でタトゥー、いわゆる刺青がスポーツアスリートで話題となり賛否両論に分かれる。外国との文化の違いもあるだろうが、暗いイメージがある。親からもらったからだに傷をつけることは仏の教えや儒教から厳しく戒められている。

発達障害の子も剣道で生き生き

師の教えの実践

終戦間近の昭和19年生まれの私にとり、戦後の自由を勘違いしてそれを謳歌し、その枠をはみ出していることに気付かぬ自由すぎる現代の若者たち。昨今の国内外を注視してみると、アジアの若者たちの自由に対する命がけの行動、真の国家とは果たして我が国内の問題として、日本の若者は自由のために命を捧げる行動に団結できるであろうか。

物事を共有できない国民に成り下がっているが、原因はと考えると正しい教育のあり方ではないかと思い、父の戦後教育の危惧は適中しているのではないかと思わざるを得ない。

それともうひとつの問題点が考えられる。以前と違い核家族化が進み、共働きで子供を施設に預けるために母親の体温・皮膚感覚、そしてなんとも言えない甘い匂いなどの本質的な癒し時間の欠如。父親の強くたくましい包容力の欠如などであろう。

さらに今、見逃されているのが祖父母との同居が減少したことによる祖父母の愛情であろう。これらの異なる愛情に包まれて健全に育つべき幼児期の総合的愛情が不足し、孤独な一人っ子が多くなり微妙な人情の機微に立ち入ったことに触れられても頓と感じない子供に育っていくことは国にとっても危ういことであろう。

今日発達障害などの子供たちが多くみられるようになったのは、心身の機能の発達が疾患、遺伝、環境などが原因といわれているが、やはりそうした総合的愛情の欠如も関わっていると思う。

父はそうした家庭や学校で不足、欠如していた面を親御さんと相談しながら、剣道教育を通して日本の美しく思いやりのある礼法や所作事、協力・協調性を指導したのであった。私もそれに倣って発達障害の子供たちに人に勝る能力があることを見い出し、それを引き出し伸ばす教育で効果を上げてきている。日に日に見違えるような表情や体力がついてきて、親御さんも喜び、家庭に生かされ、稽古日を心待ちするように成長した。このことは私が父の教育の原点を模索した成果の一つである。

人の恩、感謝の心、お礼の心、思いやりを幼い頃に両親、祖父母、叔父、叔母たちに接して深い愛情に触れることにより教わり、体験によって勇気、忍耐、努力、優しさを身につけられたが、その中でも特に一生涯、完全にできないのが挨拶といわれている。行なってしまえば真に簡単、だが迷ったり心に蟠（わだかま）りがあったりすると簡単ではなくなる不思議な作法が礼儀であり、父も母もきちんとすることを自ら実践していたし、我々子供たちもしっかり躾けられていた。挨拶なくして会話も始まらないし、お互いの心も開かれず、交際も始まらない。「袖すり合うも他生の縁」の実践こそ大切な教えであり、剣縁であった。国と国の代表もやはり直接会っての挨拶は国際平和にも関わる大切な行為である。

日本伝剣道の表看板である礼儀作法も挨拶から始まる。韓国のクムドウとの伝統文化の違いを世界に正確に示す必要に迫られていることに連盟は気がつくべきであり、このことは急を要すると思うし、高段者・指導者が自ら実践して世に広めることこそ剣道界の果たすべき道と信じる。だが地位や権力をもたらされると箍（たが）が緩んで事件を起こす人も中にはいる。試合や剣技に勝れた者イコール必ずしも人格者といえない現実もあり、「やってみせ、言って聞かせて、させてみせ、ほめてやらねば人は動かじ」これこそ指導者の果たすべき使命ではないだろうか。

少なくとも剣道会場では、試合者、観覧者、役員、係員の方々がそこで挨拶や会釈を実行すれば剣道の良さが社会でも見直されて世に広がる第一歩となるだろう。是非とも実現してほしいという老剣士の提言である。

回想録として思いつくままに書き綴ったが、振り返って見ると、私の波乱多き人生を支えてくれた妻慶子の存在なくして今はない。私が迷うと必ず「大丈夫よ、あなたは正しい」と励ましてくれた。この場をお借りしてお礼を言いたい。ありがとう。

師であり父である武雄の薫陶を受けた人たちは五島（馬場）一門として結束が固く、様々な分野で活躍している。剣道八段は次兄の馬場勇司範士を筆頭に藤原崇郎範士、安永宗司・勝也兄弟、片山倉則、灰谷達明各先生がおられ、高段者も多数輩出している。また、門下生で父の存命中に寿像を２０１４年長崎国体会場となった五島市中央公園市民体育館の敷地前に建立し、全国の剣士のみなさんに見ていただくことができた。このことも高校三年間指導を受けただけの無名の弟子の発案によって実現できた。現在父が創設した西雄館道場は長兄はじめ、門下生らで少年指導にあたり、その精神は脈々と受け継がれており感謝の念でいっぱいである。

これからも剣居一致や剣藝一致をめざして残りの人生の一日一日を大切に後進の指導に微力ながら尽力する所存である。

終わりに、この『剣道藝術論』に光を当てて復刊してくださることに努めてくれた伊藤幸也編集者や剣道時代のスタッフに謝意を表します。

あとがき

私の『剣道藝術論』が世に紹介され、その感想としてさまざまな御意見が寄せられた中で、一様になぜその若さで剣道が論ぜられるのか、なぜ藝術にまで高められるのかとのお褒めと励ましの質問を受けたが、なぜかと自問していくうちにいくつかの結論らしきものを発見した。

それは先祖代々剣の道にたずさわった家柄であり、先祖の血が先達の努力をたやさぬよう私に後世へ伝えよと命じているのではないか、そうすることが、私の運命であるかのように密かに考えた。

その集大成は彫刻家であり、教育者であり、かつ人類学、考古学者である父、武雄より幼少から薫陶を受けたことを記憶に留め、大学へと上京し世の中に広く照らし合わせた時、父の薫陶の偉大さと先達の教えが現代社会に於いても、新鮮でなおかつ必要な教えである事、いわゆる永遠のテーマであることに到達したのである。

大学入学以来、恩師大野操一郎先生には公私にわたって教育の何たるかを御指導頂き現在に到り、また学生時代より小野十生先生、堀口清先生、阿部三郎先生、伊保清次先生と名だたる諸先生の情熱ある御指導を仰ぎ得た事は私の剣道人生において、最大の幸福であった。

国士舘大学においては創立者、柴田徳次郎先生より「誠意・勤労・見識・気魄」の精神を学んだ。また広く国際社会を考えた時、剣道の現状と将来を展望し、剣道界にあっては卓越した見識の剣道学者、井上正孝先生に真視を見出し、大いに影響を受けた。ここまで私を育てて下さった諸々の先生にあらためて感謝致します。

終りにあたって、若輩である私に発刊の機会をお与え下さった当時の「剣道時代」編集長の小沢誠氏（平成8年7月逝去）と、何よりも私の「藝術論」に深い理解を示し二人三脚で以心伝心の御助力を頂いた日大芸術学部御出身の編集スタッフ・光成耕司氏、そして剣道を藝術的視野から表現して頂いたカメラマンの徳江正之氏（平成28年1月逝去）には衷心よりこの場をおかりして感謝の意を表したい。

私の「藝術論」が一人でも若者の心に世界観を開くきっかけになるものであれば望外の喜びである。

令和三年十一月三日

合掌

本書収録の作品は、書き下ろしの第十二章「我が人生回想録」以外、月刊誌『剣道時代』に掲載されたものです。このたび平成元年に刊行したものを添削して新装増補改訂版として発行した。

初出一覧　・第一章　剣道は芸術である（昭和63年5、6月号）・第二章　私の眼に映じた第36回京都大会〈昭和63年度〉（昭和63年7月号）・第三章　師弟の道（昭和63年8、9月号）・第四章　真の「国際化」への道（昭和63年10、11月号）・第五章〝女子剣道〟の道（昭和63年12月号、平成元年1月号）・第六章「対談」日本舞踊に学ぶ（平成元年2月号）・第七章　平成元年に思う（平成元年3月号）・第八章　啐啄の機（平成元年4月号）・第九章　面打ち進化論（平成元年6月号）・第十章　さわりをとる（平成元年7月号）・第十一章　勝負の本質（平成元年8月号）

馬場欽司（ばば・きんじ）

昭和19年12月５日長崎県福江市（現五島市）に生まれる。長崎県立五島高――国士舘大学体育学部卒（昭和41年度）。学生時代に関東、全日本学生優勝大会でそれぞれ２回優勝。昭和40年関東学生選手権２位、41年全日本学生選手権４位。卒業後も全国教職員大会２回、国体、全日本都道府県対抗においてそれぞれ優勝、全日本選手権東京都代表など各種大会で輝しい実績を誇っている。さらに昭和63年には第34回全日本東西対抗（青森）に東軍代表として２度目の出場。また同年の全国教職員大会では東京チームの監督を務め、優勝に導いた。海外の剣道指導にも尽力した功績により、全米剣道選手権大会がテキサス州フォートワース市で開催されたとき名誉市民賞受賞。ブラジル・サンパウロ市において市議会賞と市議長賞を受賞。平成27年国士舘大学名誉教授・感謝状受賞。令和元年東京学連剣友会創立55周年記念感謝状受賞。現在、国士舘大学名誉教授。剣道みらい塾塾長、雄心塾塾長。古流越後流居合抜刀術宗匠。剣道教士七段。

剣道藝術論　新装増補改訂版

令和３年12月５日　初版第１刷発行

著　者　馬場欽司
発行者　手塚栄司
発行所　株式会社体育とスポーツ出版社
〒135-0016　東京都江東区東陽2-2-20　３階
ＴＥＬ　03-3291-0911
ＦＡＸ　03-3293-7554
Eメール　eigyobu-taiiku-sports@thinkgroup.co.jp
http://www.taiiku-sports.co.jp
装幀・本文デザイン　㈱タイト
印刷所　日本ハイコム㈱

ISBN978-4-88458-430-6 C3075　Printedd in Japan